Leadership-Food – 10 Gebote für effektive und führungstaugliche Ernährung

Lizenz zum Wissen.

Sichern Sie sich umfassendes Wirtschaftswissen mit Sofortzugriff auf tausende Fachbücher und Fachzeitschriften aus den Bereichen: Management, Finance & Controlling, Business IT, Marketing, Public Relations, Vertrieb und Banking.

Exklusiv für Leser von Springer-Fachbüchern: Testen Sie Springer für Professionals 30 Tage unverbindlich. Nutzen Sie dazu im Bestellverlauf Ihren persönlichen Aktionscode C0005407 auf www.springerprofessional.de/buchkunden/

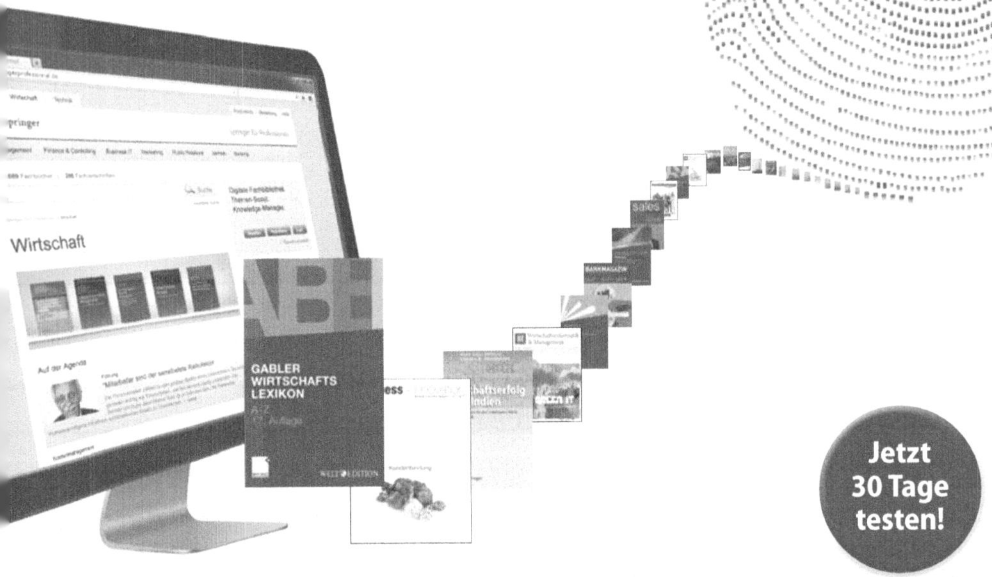

Jetzt 30 Tage testen!

Springer für Professionals.
Digitale Fachbibliothek. Themen-Scout. Knowledge-Manager.

- Zugriff auf tausende von Fachbüchern und Fachzeitschriften
- Selektion, Komprimierung und Verknüpfung relevanter Themen durch Fachredaktionen
- Tools zur persönlichen Wissensorganisation und Vernetzung

www.entschieden-intelligenter.de

Springer für Professionals

Cynthia Ahrens • Leif Ahrens

Leadership-Food – 10 Gebote für effektive und führungstaugliche Ernährung

Cynthia Ahrens
Leif Ahrens

Wiesbaden
Deutschland

ISBN 978-3-658-05880-7   ISBN 978-3-658-05881-4 (eBook)
DOI 10.1007/978-3-658-05881-4

Die Deutsche Nationalbibliothek verzeichnet diese Publikation in der Deutschen Nationalbibliografie; detaillierte bibliografische Daten sind im Internet über http://dnb.d-nb.de abrufbar.

Springer Gabler
© Springer Fachmedien Wiesbaden 2014
Das Werk einschließlich aller seiner Teile ist urheberrechtlich geschützt. Jede Verwertung, die nicht ausdrücklich vom Urheberrechtsgesetz zugelassen ist, bedarf der vorherigen Zustimmung des Verlags. Das gilt insbesondere für Vervielfältigungen, Bearbeitungen, Übersetzungen, Mikroverfilmungen und die Einspeicherung und Verarbeitung in elektronischen Systemen.

Die Wiedergabe von Gebrauchsnamen, Handelsnamen, Warenbezeichnungen usw. in diesem Werk berechtigt auch ohne besondere Kennzeichnung nicht zu der Annahme, dass solche Namen im Sinne der Warenzeichen- und Markenschutz-Gesetzgebung als frei zu betrachten wären und daher von jedermann benutzt werden dürften.

Gedruckt auf säurefreiem und chlorfrei gebleichtem Papier

Springer Gabler ist eine Marke von Springer DE. Springer DE ist Teil der Fachverlagsgruppe Springer Science+Business Media
www.springer-gabler.de

Ein paar Worte zu Beginn…

Noch nie war die Auswahl an Lebensmitteln so vielfältig, abwechslungsreich und exotisch wie heute.

Noch nie war unsere Entscheidungsfreiheit, wie wir uns ernähren wollen, so umfassend und nahezu grenzenlos.

Und noch nie waren die ernährungsbedingten Herausforderungen für Führungskräfte so groß, um ihren Alltag ohne gesundheitliche Einbußen und mit gutem Gefühl bewältigen zu können. Verunsicherung und Überforderung spielen hierbei oftmals eine große Rolle. Nicht selten führt falsches Ernährungsverhalten bei Führungskräften zu Folgekrankheiten, Übergewicht oder ganz einfach zu Unzufriedenheit, weil sich kein Wohlbefinden und keine Befriedigung nach dem Essen einstellen.

Wie, was und wo Leader essen – das ist für Führungskräfte, die Erfolg haben wollen, also elementar. In den meisten Fällen bestimmt ein stark strukturierter Tagesablauf den Alltag von Menschen, die als Unternehmer oder in gehobenen Positionen arbeiten. Dies führt häufig dazu, dass Essen zur Nebensache wird. Entweder wird das Thema komplett in den Hintergrund gedrängt, so dass am Tag wenig und abends zu üppig getafelt wird, oder es gibt Tage, an denen eventuell sogar zwei Geschäftsessen anstehen. Die Menge an Lebensmitteln führt auch nicht zu einem guten Gefühl. Und der Alkohol tut sein Übriges.

Es ist jedoch gar nicht so schwer, sich durch ein paar Gedanken mit seiner Ernährung zu beschäftigen und diese auf den jeweiligen Arbeitsalltag anzupassen. Ohne große Einschränkungen oder Aufwand. Es ist einfach eine Überlegung im Vorfeld, wie und was gegessen werden soll. Das Wichtigste hierbei ist – wie bei allem im Leben – dass man daran Spaß hat und es nicht zu einer lästigen Sache wird. Essen ist etwas Schönes, das Energie spendet und glücklich machen kann. Die luxemburgische Spitzenköchin Lea Linster bringt es auf den Punkt, wenn sie sagt: „Leute, die schlecht essen – wie sollen die gut denken?!"

Wenn sich bereits Gewohnheiten eingeschlichen haben, die einer ausgewogenen Ernährung im Wege stehen, so können diese behutsam aufgegeben und durch bessere ersetzt werden. Zu vermeiden sind jedoch radikale Umstellungen, wozu auch Diäten gehören. Diese sind in der Regel kontraproduktiv, da die neuen Verhaltensweisen und Essensrituale nicht natürlich in den Alltag eingebaut bzw. dort umgesetzt werden können, sondern aufgezwungen sind.

Strikte Regeln, die in Büchern, Medien oder wissenschaftlichen Aufsätzen als unumgänglich aufgestellt werden, sind mit gesundem Menschenverstand zu betrachten, denn nicht jeder Mensch ist gleich gestrickt, was seinen Organismus und die benötigten Lebensmittel angeht. Es gilt natürlich, ein paar Grundsätze in Sachen Nährstoffe, Vitamine, Mineralien etc. zu befolgen, aber damit hat es sich auch schon, was allgemeine „Vorschriften" angeht. Jeder muss für sich herausfinden, was er für das reibungslose Funktionieren von Körper und Geist benötigt.

Dies ist auch gar nicht so schwer. Probieren geht über Studieren. Und sich selbst zu beobachten und aufmerksam darauf zu achten, was guttut und was eher schadet, ist schon der erste Schritt zum Erfolg.

„Leadership-Food – 10 Gebote für effektive und führungstaugliche Ernährung" zeigt in den drei großen Bereichen WIE, WAS und WO Leader essen einige Wege auf, die zu einer genussreichen und zugleich wirkungsvollen Ernährungsweise führen können. Dabei sind alle Gebote als Angebote zu verstehen, die für jeden in unterschiedlicher Weise zusammengesetzt werden können. Die einzelnen Unterpunkte vermitteln Grundwissen, um das eigene Ernährungsverhalten besser steuern und bestimmen zu können.

Viel Spaß beim Entdecken eigener Vorlieben und wohltuender Essensrituale!

Ihre Cynthia und Leif Ahrens

„Betriebsanleitung" für Leadership-Food

Mit dem vorliegenden Ernährungsbuch wollen wir Anregungen geben, wie Leader gut und nachhaltig essen können, so dass sie noch viele Jahre gesund und unbeschwert in ihrer Führungsaufgabe aufgehen können. Dabei werden den Lesern wissenschaftliche Brocken erspart, um das Lesen angenehm und leicht verständlich zu machen.

Das Buch besteht im Wesentlichen aus möglichst einfach umzusetzenden Tipps und Hinweisen, die nicht überfordern, gleichwohl ein gutes Maß an Interesse an der eigenen Ernährungsweise voraussetzen. Die Gebote appellieren an den gesunden Menschenverstand und sind nicht als zeit- und energieraubende Pläne zu verstehen, die das ganze Ernährungsverhalten radikal umzustellen versuchen. Anregungen und Impulse sollen zu einem langsamen und bedachtsamen Verändern einzelner Verhaltensweisen anregen, neugierig machen und im Ergebnis einen positiven Effekt erkennen lassen. Dies regt auch zu weiterem Erkenntnisgewinn an, der in den einzelnen Themenblöcken erlangt werden kann.

Drei große Themen werden angesprochen:

„**WIE** Leader essen" befasst sich mit genussvollem, gesundem und achtsamem Ernährungsverhalten. Hierbei werden wir darauf eingehen, dass Essen Spaß machen soll, auch Kleinigkeiten wertgeschätzt werden können und das Gefühl nach dem Essen stimmen muss. Die Faktoren Stress und Langeweile können ebenfalls eine Rolle spielen, die das natürliche Hungergefühl überlagern und zu falschen Handlungsweisen führen.

„**WAS** Leader essen" beschäftigt sich damit, die eigene Essenspalette möglichst vielseitig, individuell sowie regional und saisonal zu gestalten. Dort thematisieren wir buntes, vielfältiges und nährstoffreiches Essen sowie individuelles Essverhalten. Die Tatsache, dass jeder einen anderen Geschmack und bestimmte Vorlieben hat, wird hierbei gleichermaßen berücksichtigt. Weniger „allgemein gültige" Anweisungen lautet hier das Motto, vielmehr soll das Beachten eigener Präferenzen in den Vordergrund gestellt werden.

„**WO** Leader essen" hat die unterschiedlichen Orte zum Inhalt, an denen Führungskräfte sich in der Regel aufhalten. So beschäftigen sich die hier behandelten Gebote mit der Ernährung im Büro, unterwegs auf Geschäftsreisen und last but not least zu Hause. Kantinenessen, Snacks bei Meetings sowie Restaurantbesuche spielen ebenso eine große Rolle, die wir näher beleuchten wollen.

Nach den drei großen Themenbereichen, die jeweils drei Gebote umfassen, wird in einem letzten (zehnten) Gebot umrissen, wie ein Foodmaster seine Ernährung gestalten kann. Selbstbestimmt essen, das Wissen, was guttut, und die Ablehnung ungeeigneter bzw. sogar schädlicher Ernährungsangebote sind hier das Thema. Nach den 10 Geboten kann ein kurzer Fragebogen mit 25 Fragen zur Reflexion beantwortet werden, um zu sehen, inwieweit es um die Aspekte „Wie", „Was" und „Wo" in punkto Ernährung bestellt ist. Die Ergebnisse dieser Selbstreflexion münden im Leadership-Food-IQ, der das eigene Essverhalten skizziert. Ob noch an einigen Stellschrauben gedreht werden sollte, ergibt sich aus dem Endergebnis, das den Status auf dem Weg zum Foodmaster erkennen lässt.

Dieses Buch kann immer wieder zur Hand genommen werden, wenn sich schlechte Ernährungsgewohnheiten (wieder) einstellen, so dass mit ein paar Hinweisen und Tipps gegengesteuert werden kann. Das macht umso mehr Spaß, wenn ein positiver Effekt bemerkt wird, und regt zu weiteren (kleinen) Umstellungen an, die nach und nach zu einer tiefgreifenden Veränderung im Ernährungsverhalten führen können. Die Belohnung zeigt sich in mehr Energie, Tatkraft und Lebensfreude, welche zu einem Gutteil auf einer selbstbestimmten Ernährung beruhen. Dieses zu erkennen und umzusetzen, ist Ziel des Buches und Wunsch der Autoren für ihre Leser.

Inhaltsverzeichnis

Teil I WIE Leader essen

1 **Iss genussvoll** 3
   1.1 Spaß beim Essen haben 5
   1.2 Auch kleine Mahlzeiten zelebrieren 7
   1.3 Mit anderen essen ist angenehmer als allein 8
   1.4 Mach' es Dir schön beim Essen 10

2 **Iss bekömmlich** 13
   2.1 Maßvoll ist besser als üppig 14
   2.2 Regelmäßigkeit tut gut 16
   2.3 Wie ist das Gefühl nach dem Essen 18
   2.4 Lebensmittel, die den Einzelnen belasten können 20

3 **Iss achtsam** 27
   3.1 Auf sein eigenes Gefühl achten 28
   3.2 Langeweile 31
   3.3 Stress 34

Teil II WAS Leader essen

4 **Iss vielseitig** 39
   4.1 Immer dasselbe ist langweilig 41
   4.2 Iss bunt 43
   4.3 Grundnährstoffe, Vitamine und Co. – was ist das eigentlich? 45
   4.4 Probieren geht über Studieren 52

5	**Iss individuell**	55
	5.1 Jeder tickt bei der Ernährung anders	56
	5.2 Geschmack und Vorlieben zählen	58
	5.3 Natürliche und wirkungsvolle „Notfallmaßnahmen"	60
	5.4 Andere Länder, andere Sitten	64
	Literatur	67
6	**Iss regional und saisonal**	69
	6.1 Das Beste ist vor der Haustür	70
	6.2 Immer anders – das ganze Jahr über	74
	6.3 Im Vorfeld planen, im Nachhinein profitieren	77

Teil III WO Leader essen

7	**Iss im Büro entspannt**	83
	7.1 Das Essen nicht vergessen	84
	7.2 Kantinenessen und seine Tücken	86
	7.3 Verführerische Meetings	88
	7.4 Selbstmitgebrachtes – die Alternative zu Kantine und Schnellimbiss	89
8	**Iss unterwegs bewusst**	91
	8.1 (Ernährungs-)Fallen auf Messen	92
	8.2 Restaurantbesuche ohne Nebenwirkungen	94
	8.3 Bei Einladungen nicht alles „schlucken"	99
9	**Iss zu Hause mit Spaß**	103
	9.1 Der Einkauf entscheidet	104
	9.2 Wer selbst kocht, bekommt immer sein Lieblingsgericht	109
	9.3 Mit Freunden gutes Essen genießen	113
	9.4 Einfach lecker essen…mit Rezepten von Merkel & Co.	115

Teil IV Finale: Wie, was und wo wir essen, macht den Erfolg aus

10	**Iss wie ein Foodmaster**	125
	10.1 Selbstbestimmt essen	126
	10.2 Wissen, was guttut	130
	10.3 Ablehnen, was schadet	134

Der Leadership-Food-IQ 143

Bin ich ein Foodmaster? 25 Fragen zur Selbstreflexion 145

Weiterführende Literatur 147

Über die Autoren

Cynthia und Leif Ahrens arbeiten seit vielen Jahren mit ihren Kunden in Vortragssälen, Seminar- und Coachingräumen sowie auf Bühnen zusammen.

Leif Ahrens (Dipl.-Medienwirt) hat 500 Interviews und 7000 h live auf Sendung bei einem der erfolgreichsten Privatsender Deutschlands (Hitradio FFH) absolviert, die eine solide Basis für Vorträge und Beratungen bilden. Im Plenum oder Einzelgespräch – wichtig ist für ihn, dass alle Impulse bekommen und Ansätze finden, erfolgreicher und präsenter zu sein.

Cynthia Ahrens (M.A. Sinologie) optimierte als PR-Beraterin viele Jahre den Auftritt von Führungskräften in der Öffentlichkeit. Durch Beobachtung und Beratung wurde die Entwicklung von Persönlichkeiten zu ihrem Alltagsgeschäft. Nach Psychologie-Weiterbildung und Zertifizierung zur „Persönlichkeits-Profilerin" arbeitet sie heute mit Führungskräften und verarbeitet dieses Wissen in Büchern und auf Portalen. Ihre Ausbildung zur Ernährungsberaterin und Phytotherapeutin schürte die Motivation, ein Ernährungsbuch speziell für Führungskräfte zu entwickeln.

Buchung:
Anfragen für Vorträge, Seminare und Coachings von Cynthia und Leif Ahrens zum Thema Leadership-Intelligenz an info@leifahrens.de.

Teil I
WIE Leader essen

Im Geschäftsalltag einer Führungskraft stehen viele Themen im Mittelpunkt: Das nächste Strategie-Meeting mit dem Team, die geplante Dienstreise zu Kunden in ganz Europa bzw. Übersee, die Grundsatzdebatte mit den Vorstandskollegen oder der Vortrag vor dem regionalen Unternehmerverband. Alles Herausforderungen, welche eine Menge Aufmerksamkeit und Energie erfordern, die kaum Raum für andere Themen lassen. Häufig ist auch das Privatleben betroffen, da die beruflichen Aktivitäten enorm viel Zeit beanspruchen.

Was bei den meisten Führungskräften vernachlässigt wird bzw. sicherlich keinen wesentlichen Fokus erhält, ist das Achten auf gute Ernährung. Dafür ist schlicht und ergreifend keine Zeit, weil andere Dinge wichtiger erscheinen. Erst wenn es zu gesundheitlichen Problemen kommt, die Energie nicht mehr über den Schlaf und die Erholung am Wochenende hereingeholt werden kann oder die Kleidergröße stetig nach oben geht, ist bei einigen die Notwendigkeit gegeben, über ihr Ernährungsverhalten nachzudenken. Woran könnten die Probleme liegen? Was läuft falsch? Wie kann dem abgeholfen werden?

Die Signale des Körpers zu beachten, ist für uns längst nicht mehr Normalität, ist jedoch extrem wichtig, um sich wohl zu fühlen. Gerade an den Anzeichen erkennen wir schnell und zuverlässig, ob alles im grünen Bereich ist. Insbesondere bei falscher, übermäßiger oder unzureichender Ernährung meldet sich der Organismus. Wir fühlen uns schlapp, unwohl oder sogar deprimiert.

Daher beschäftigt sich das erste Gebot mit dem Thema Spaß am Essen. Es geht darum, für sich eine Ernährungsweise zu finden, die genussvoll ist, und sich dabei wirklich auf kleine Freuden einzulassen, selbst wenn es nur der gelungene Milchschaum auf dem Kaffee ist, der ein winziges Highlight nach dem Mittagstief darstellt. Auch die Atmosphäre während des Essens ist wichtig. Viel schöner ist es, sich mit netten Menschen auszutauschen – eventuell nur für eine Viertelstunde, die gemeinsam beim Sandwich-Verzehr verbracht wird. Oder zumindest sollte das

Ambiente gewechselt werden, wenn ein Snack zum Lunch gegessen wird. Vom Schreibtisch an den Couchtisch vor dem Fenster oder ein kurzer Ausflug auf die Parkbank in der Sonne.

Nachdem Genuss an erster Stelle steht, wenden wir uns auch dem gesunden bzw. bekömmlichen Essen als einem wesentlichen Faktor zu, womit sich das zweite Gebot befasst. Hierzu gehört es, Maß zu halten und auch eine gewisse Regelmäßigkeit anzustreben. Dabei kommt es nicht darauf an, ob das Mittagessen um Punkt dreizehn Uhr eingenommen wird. Ein Zeitfenster von zwei Stunden kann es durchaus sein. Hauptsache, die Mahlzeit wird nicht völlig vergessen oder eingespart.

Dabei muss es auch keine warme Speise sein oder eine dreigängige Menüabfolge eingehalten werden. Es reicht häufig ein Salat oder ein lecker belegtes Brot, wenn dies zu einer kleinen Entspannungspause führt. Hierbei kommt es besonders auf die persönlichen Vorlieben an (mittags eher wenig – abends mehr, tagsüber kalt und zum Dinner eine warme Mahlzeit o. Ä.). Auch psychologisch belastete Lebensmittel, weil schon seit Kindheitstagen verhasst oder schlichtweg unverträglich, gilt es zu meiden.

Im dritten Gebot steht das Thema Achtsamkeit im Mittelpunkt. Sich selbst gut einschätzen zu lernen, ist hierbei der zentrale Punkt. Wann habe ich Hunger, zu welchem Zeitpunkt brauche ich eine Mahlzeit und aus welchem Grund esse ich, obwohl ich vielleicht gar nichts benötige? Momente der Langeweile, übermäßiger Stress oder die „Meeting-Keks-Falle" können Auslöser sein, die das Ernährungsverhalten ungünstig beeinflussen. Hierauf zu achten und Ausreißer zu vermeiden, kann zu größerem Wohlbefinden führen und damit zu mehr Energie und besserer Leistungskraft bei den anstehenden Aufgaben.

Iss genussvoll

Auftakt: Was Dir schmeckt, tut Dir gut

Schon als Kind gab es gewisse Speisen, die einfach indiskutabel waren, weil sie nicht schmeckten oder an eine bestimmte Erfahrung erinnerten. Dies ändert sich manchmal bis ins Erwachsenenalter nicht. Es gibt spezielle Dinge, denen wir nichts abgewinnen können. Aus verschiedensten Gründen. Mögen die Speisen noch so gesund oder edel sein.

Beim Essen werden alle Sinne beansprucht: Sehen, Riechen, Schmecken, Hören und das Ertasten von verschiedenen Texturen. Dabei ist oft der erste Blick entscheidend, ob wir etwas mögen. Sensorische Eindrücke zusammen mit unserem Gedächtnis und persönlichen Erinnerungen lassen uns spontan entscheiden, ob wir etwas essen möchten oder lieber Abstand davon nehmen.

Darauf sollten wir unbedingt hören! Wenn eine Mahlzeit mit Widerwillen verzehrt wird, hat das Folgen. Sei es, dass wir uns während der gesamten Einnahme des Essens unwohl fühlen oder im Anschluss Unbehagen empfinden. Selbst wenn noch so viele sagen, wie gut eine heiße Hühnersuppe bei kaltem Wetter tut – wenn kein Appetit auf etwas Warmes besteht und noch dazu die Bilder von Erkältungen in der Kindheit verbunden mit diesem Suppengenuss aufflackern, dann ist dieses Essen das Falsche.

Gerade für Führungskräfte kann eine wirkliche Pause vom anstrengenden Arbeitsalltag, auch wenn sie noch so kurz sein mag, zu einem Energieschub führen. Hierbei ist es allerdings entscheidend, dass die Signale des Körpers wahrgenommen werden. Wann habe ich Hunger und muss mir einen Happen gönnen? Auch kommt es in solchen Momenten besonders darauf an, worauf ich Appetit habe. Genau das benötigt unser Organismus jetzt.

Bei fehlender Energie kann eine warme Mahlzeit Wunder wirken. Sie wärmt von innen und gibt neue Kraft für den Rest des Tages. Manchen Menschen tut morgens statt einer Scheibe Brot bzw. Müsli mit kalter Milch eher ein Grießbrei mit Zimt-Zucker oder – wie die Engländer es pflegen – ein Porridge, z. B. mit Früchten oder Honig gut. Hingegen schadet es auch nicht, wenn in heißen Sommerzeiten zum Mittagessen eher Melone mit Schinken oder auch nur ein Joghurt mit frischen Früchten und gerösteten Sonnenblumenkernen zum Lunch bevorzugt wird.

Auch die Zwischenmahlzeiten sind nicht zu vernachlässigen: In manchen Momenten schreit der Körper förmlich nach Energiezufuhr für Gehirn oder Körper. Dieses Verlangen kann (und sollte auch!) durch eine Handvoll Studentenfutter, frisches Obst oder eine heiße Milch mit Honig gestillt werden.

Wichtig ist, dass nicht permanent bei schwierigen Aufgaben oder komplizierten Entscheidungen zu Süßigkeiten gegriffen wird. Dies ist eine Ersatzbefriedigung und löst die Probleme nicht. Aber dennoch gibt es Momente, wo Kopf und Körper etwas benötigen. Diese beiden Situationen sollten unterschieden werden. Wer es verlernt hat, muss sich selbst genau beobachten. Nur dann wird es möglich sein, die eigenen Bedürfnisse zu erkennen und diese zu befriedigen.

Häufig fühlen wir uns nach Snacks im Meeting oder Essen im Restaurant unwohl. Gerade hier sollten Führungskräfte ihren Einfluss wahrnehmen und beispielsweise für Besprechungen nicht nur Kekse, Schokolade und Kaffee, sondern auch Obst als Fingerfood, frische Fruchtsäfte oder Kräuter- und Rooibos-Tees auf den Tisch stellen lassen.

In Restaurants ist meist die Flexibilität gegeben, genau nach eigenem Geschmack und Bedarf zu variieren. Wird beispielsweise auf der Speisekarte ein Filetsteak mit Bratkartoffeln und Brokkoli angeboten, so schadet es keineswegs, nach anderen Beilagen zu fragen. Ein Salat zum Fleisch oder auch ein anderes Gemüse sind oft die bessere Alternative zu den Bratkartoffeln. Hier sollte keine falsche Scheu vor dem Küchenchef oder vor der Verstimmung von anwesenden Tischnachbarn zutage treten. Der ein oder andere wird sich nun eventuell auch ermutigt sehen, seinen Extrawunsch frei zu äußern.

Wer die Fähigkeit besitzt, wirklich zu genießen bzw. Wohlbehagen beim Essen zu empfinden, wird damit ein gutes Gefühl bei sich und anderen auslösen. Dies ist auch im Geschäftsalltag wichtig, um den täglichen Konflikten und hohen Anforderungen etwas entgegenzusetzen. Eine eigene Wahl zu treffen und hierbei auch Selbstkontrolle zu üben, ist gerade beim Essen entscheidend für das Funktionieren von Körper und Geist.

Nicht alleine das Sprichwort „Erst die Arbeit, dann das Vergnügen" sollte für Führungskräfte gelten, die sich ja häufig auch in ihrer Freizeit gedanklich mit Jobthemen beschäftigen. Es widerspricht sich durchaus nicht, beim Meeting, Geschäftsessen oder Empfang neben den zu besprechenden Themen auch Genuss zu empfinden. Dies verbessert in jedem Falle die Arbeitsatmosphäre und führt zu Wohlbefinden oder sogar kleinen Glücksmomenten. Es ist also sinnvoll, den kleinen Freuden des Lebens Aufmerksamkeit zu schenken. Und darauf zu achten, dass nicht zu viel des Guten zu sich genommen wird. Maß halten ist hier – wie bei allem im Leben – angesagt.

1.1 Spaß beim Essen haben

Nahrungsaufnahme ist weder Pflichtprogramm noch sollte sie komplett vergessen oder vernachlässigt werden. Eine Vernachlässigung der eigenen Esskultur ist zwar für kurze Phasen in unserem Leben machbar, wird sich aber bei kontinuierlichem Andauern auf lange Sicht als schädlich erweisen. Für das eigene Wohlbefinden und die Gesundheit ist es eminent wichtig, sich mit diesem Thema intensiv und lustvoll zu beschäftigen.

Essen muss dabei nicht zur Religion gemacht werden, aber es ist entscheidend, sich vor Augen zu führen, dass besonnenes sowie kluges Ernährungsverhalten für den Menschen unverzichtbar sind. Es bedarf mehr als einer kurzen Überlegung, wie wir an dieses Thema herangehen wollen. Gerade bei Führungskräften läuft die Ernährung oftmals „nebenher". Ob es das schnell eingeworfene Panini am Schreibtisch ist oder das mehrgängige Menü, das komplett an uns vorbeizieht, weil wir nur geschäftliche Themen und Prozesse vor Augen haben.

Gerade ein Geschäftsessen kann jedoch dazu genutzt werden, die Vorlieben und Bedürfnisse des Gegenübers zu erkennen. Beispielsweise ist es manchmal interessant, wenn ein Gesprächspartner aus einem Gericht ein Aroma, die Kräutervielfalt oder ein Gewürz herausschmeckt, was zu einem kurzen Exkurs während des Menüs führen kann, der dem Gespräch sowohl Leichtigkeit verleiht als auch das Kennenlernen des Tischnachbarn ermöglicht.

Sich beim Essen über ebenjenes zu unterhalten, gehört zu den angenehmsten Kommunikationsthemen der Menschheit und ist in vielen Kulturen fester Bestandteil bei Tisch. Positive (zur Not auch negative) Geschmackserlebnisse mitzuteilen, trifft zumeist beim Gegenüber auf fruchtbaren Boden. Man kommt über Ingredienzien und Gewürze sowie Geschmackseindrücke sehr leicht auf andere Themen wie Reisen oder den eigenen Garten und lenkt so für eine gewisse Zeit sehr befreiend vom geschäftlichen Zentralanliegen ab.

Auch bei einem Glas Wein ist es nur der halbe Genuss, wenn dieses gedankenverloren getrunken wird. Erstens schmeckt der Wein besser, wenn man sich darauf konzentriert und zweitens kann das gemeinsame Genießen und Diskutieren von Duft, Geschmack und Herkunft des feinen Tropfens verbinden. Darüber hinaus zeugt das Beschäftigen mit dem Wein von Interesse gegenüber einem Qualitätsprodukt und öffnet oftmals neue Sichtweisen auf den Gesprächspartner, der beispielsweise mit Wissen aufwartet, das man so nicht vermutet hätte.

Z. B. wenn ein Essen neue Zutaten auf den Teller bringt oder ein ungewohntes Geschmackserlebnis hervorruft, ist das ein Grund, dieses mit dem anderen zu teilen. Vielleicht geht es ihm genauso und schafft Raum für ein neues Thema. Es ist eine Bereicherung für das Gespräch und lässt die Konzentration und die Diskussionsfreude wieder aufleben, wenn vorher eventuell Zähigkeit oder Müdigkeit das Gespräch beherrschten.

Meist erwachsen aus dem gemeinsamen Spaß am Essen Berührungspunkte oder eventuell sogar Respekt vor den Kenntnissen des jeweils anderen. Die Mahlzeit ermöglicht ungeahnte Möglichkeiten, um den anderen besser kennenzulernen. Diese Chance muss nur gesehen und genutzt werden.

Nicht nur, wenn es um ein gemeinsames Essen, sondern auch um eine für sich alleine eingenommene Mahlzeit geht, ist es wichtig, diese nicht nur nebenbei und unaufmerksam zu sich zu nehmen. Allein die kurze Pause von einem Denkprozess oder einer schwer lösbaren Aufgabe kann hilfreich sein. Verbunden mit ein wenig Bewegung, die im Anschluss an das lecker belegte Sandwich oder den bunten Salat (die Details zählen!), eingeplant werden sollte, kann der Kopf wieder besser arbeiten. Oder warum nicht einmal den Geschäftskollegen nach dem Snack auf einen Spaziergang einladen, um eine Entscheidung zu treffen oder etwas zu besprechen.

Abwechslung beim Essen und ein Ausbrechen aus der alltäglichen Butterbrot-Routine sowie bei der Gestaltung der damit verbundenen Pause geben den meisten Führungskräften ein Gefühl von Wohlbefinden. Wer jeden Mittag seine Pause zur selben Zeit und mit demselben Salami-Vollkornbrötchen macht, wird auf Dauer Langeweile dabei empfinden. So lohnt sich ein wenig zusätzliche Planung seiner Mahlzeiten, um mehr Vergnügen daran zu finden.

Wichtig ist es zudem, immer mal wieder einen anderen Ort für den Lunch aufzusuchen. Zuweilen von der Kantine über die Bank in der Sonne bis hin zur Sofaecke im eigenen Büro können räumliche Wechsel auch das Denkvermögen aktivieren. Kreativität wird auch von Kleinigkeiten befeuert. Wenn der Snack etwas Neues bietet, wie z. B. frische Feigen der Saison zum Baguette mit Brie oder eine außergewöhnliche Auberginen-Creme zum Ciabatta, kommt Freude auf, die sich auch auf die anstehenden Aufgaben auswirkt.

Spaß und das Ausprobieren von neuen Dingen sind beim Essen ebenso wichtig wie für mannigfaltige Bereiche des Lebens. Neue und positive Erfahrungen bereiten nicht nur Freude und bescheren gute Laune, sie schulen auch den Blick für den eigenen Körper. Der ein oder andere wird feststellen, dass ihn ein Körnerbrot am Mittag eher belastet als sättigt oder ein Obstsalat weniger schwer im Magen liegt. Erkennen und Bewerten schult dabei, Mahlzeiten gezielt über den Tag so einzusetzen, dass ein langer Arbeitstag gut durchgestanden werden kann und man abends dennoch fit ist.

Für sich zu erkennen, was guttut, ist für das Wohlbefinden von entscheidender Bedeutung. Wer mit den Folgen einer Mahlzeit zu kämpfen hat, kann sich schwerer auf anderes konzentrieren oder hat seine Gedanken vollständig auf sich fokussiert. Das kann für Führungspersönlichkeiten negative Folgen haben.

1.2 Auch kleine Mahlzeiten zelebrieren

Ganz klar – im Führungsalltag ist es nicht immer möglich, mittags ein dreigängiges Menü in Ruhe zu genießen. Ganz anders als heute haben z. B. auch die Radfahrer während der Tour de France eine Pause zur Mittagszeit eingelegt, um sich von den Meistern der Küche verwöhnen zu lassen. Aber diese Zeiten sind in der Regel leider passé.

Wichtig ist und bleibt, die Mahlzeiten nicht an sich vorbeiziehen zu lassen bzw. unbewusst zu essen. Das tut weder der Verdauung noch dem Geist gut. So kann es schon zu ein bisschen Wohlbefinden beitragen, wenn die Atmosphäre während des Essens angenehm gestaltet wird und z. B. das Sandwich nicht aus einer Tüte gegessen, sondern auf einen Teller gelegt wird. Eventuell sind sogar ein paar Kirschtomaten oder Gurkenscheiben zur Hand. Das Auge isst ja bekanntlich mit. Auch das indische Curry aus der Box schmeckt wesentlich besser aus einer Porzellanschale und mit echtem Besteck.

Auch für Getränke gilt dies: Wenn Wasser aus der Flasche getrunken wird, ist dies sicherlich nicht schädlich, aber ein schönes Glas, in dem beispielsweise die perlenden Bläschen eines Mineralwassers beim Einschenken zu sehen sind, ist wesentlich attraktiver. Oder der Tee und Kaffee – ein ansprechendes Service macht viel aus.

Gäste, die im Büro sind, werden es sicherlich zu schätzen wissen, wenn der Kaffee in hübschen Tassen serviert wird und eventuell sogar ein wenig Dekoration oder ein paar Blumen auf dem Schreib- bzw. Besprechungstisch stehen.

Um einen klaren Kopf zu bekommen, können auch bewusst kurze Pausen für eine Zwischenmahlzeit geplant oder spontan eingelegt werden. Häufig fehlt es dem Hirn an so wesentlichen Dingen wie Zucker oder Sauerstoff, wenn es nicht mehr richtig arbeitet. Hier ist nun nicht der schnell wirkende Traubenzucker gefragt, der nur kurzfristig wirkt und dann wieder zu einem Leistungsabfall führt, sondern eher Obst oder ein Joghurt mit Müsli. Dies hat eine Wirkung, die länger anhält, als ein Stück Schokolade oder Marzipan.

Dennoch kann in Ausnahmefällen auch einmal zu etwas Süßem gegriffen werden, was aber nicht zur Regel werden sollte. Ein Bonbon oder eine Praline sind manchmal nicht nur als schnelle Energiebringer günstig, sondern geben auch ein wohliges Gefühl. Wichtig hierbei ist jedoch auch: Genießen! Nicht nebenbei eine ganze Packung essen, sondern lieber zwei oder drei Pralinen auswählen, auf ein Tellerchen legen und dazu einen Tee trinken. Dies bringt einen echten Glücksschub und tut der Seele gut.

Wer Lust auf Frisches verspürt, sollte immer Obst oder auch – falls es schmeckt – Gemüse greifbar haben. Dies hält am längsten vor, wenn noch ein paar Projekte oder Gespräche zu bewältigen sind. Beeren können im Sommer unproblematisch zur Hand genommen und verzehrt werden. Im Winter kommen eher Früchte wie Äpfel, Trauben oder Mandarinen zum Einsatz, die ebenfalls ohne großen Aufwand erhältlich sind.

An Gemüse bieten sich Selleriesticks oder auch Radieschen an. Mit natürlichem Aroma bzw. Schärfe sind die Wirkungen übrigens nicht nur in Form von Wohlgenuss zu beobachten, auch gesundheitlich sind sie nicht zu verachten. Sellerie ist beispielsweise bekannt dafür, den Blutdruck zu senken sowie Steifheit in Kopf und Nacken zu beseitigen. Radieschen, die oft unterschiedlich scharf sind, machen wieder wach und fit. Darüber hinaus sind sie verdauungsfördernd und helfen mit ihrer antibakteriellen Wirkung bei Erkältungskrankheiten.

Wer nicht gerne zu viel knabbert, kann sich die Früchte und Gemüse auch als frisch gepressten bzw. zentrifugierten Saft schmecken lassen. Diese sind genauso bekömmlich und lecker, sollten aber möglichst schnell nach Herstellung getrunken werden, damit sie nicht mit Sauerstoff reagieren und dadurch ihre Wirkung verlieren. Hier bietet es sich sogar an, aromatische Kräuter wie Zitronenmelisse oder Minze hinzuzufügen. Diese geben einen zusätzlichen Kick durch die ätherischen Öle und erzeugen eine Geschmacksexplosion im Mund bzw. schnelle Hilfe gegen Kopf- und Magenschmerzen. Bei Heilpflanzen können auch Wirkungen wie Beruhigung bei Melisse bzw. Erfrischung durch Minze genutzt werden.

Wichtig bei allen genannten Ernährungstipps ist, dass die kleinen Mahlzeiten genutzt werden, um sich zwischendurch kurz zu entspannen. Es hilft also nichts, die Energie in Form von Müsliriegeln oder Nahrungsergänzungspräparaten zuzuführen, sondern wirklich bewusst zu pausieren und das Essen zu genießen. Dies erfordert anfänglich eine gewisse Disziplin und Geduld, wird sich jedoch bald auszahlen. Wie schon der römische Dichter Juvenal konstatierte, konnte nur ein gesunder Geist in einem gesunden Körper gedeihen (mens sana in corpore sano). Ohne Gesundheit und Fitness sind Führungskräfte schnell am Ende ihres Lateins angelangt. Daher ist es umso wichtiger, sich kurze Ruhephasen und angenehme, bewusste Momente beim Essen und Trinken zu gönnen. Dies zahlt sich langfristig aus.

1.3 Mit anderen essen ist angenehmer als allein

Was das Essen in den meisten Fällen noch bereichernder macht, ist natürlich gute Gesellschaft. So bewährt es sich, die Mahlzeiten nicht immer nur am Schreibtisch oder Büro einzunehmen, sondern sich bewusst unter Leute zu mischen bzw. sich zu verabreden. Hier ist es jedoch von Bedeutung, nicht immer nur mit bestimmten

1.3 Mit anderen essen ist angenehmer als allein

Hintergedanken zum Essen zu gehen. Z. B. um die nächste Besprechung vorzubereiten, ein Thema zu klären oder eine Veranstaltung zu planen. Besser ist es, sich während des Essens mit Leuten zu treffen, die man mag und die zu guter Stimmung beitragen.

Es ist in unserer Gesellschaft bzw. im Führungsalltag üblich, sich zu einem Geschäftsessen zu treffen oder während eines Cocktail-Empfangs kleine Canapés zu verspeisen. Doch ist dies tatsächlich angenehm und notwendig? Meist wird dem Essen im Restaurant oder der Kantine keine Bedeutung zugemessen, wenn dabei schwerwiegende Probleme gewälzt werden. Auch während des anschließenden „Get-togethers" nach einem Vortrag können Mahlzeiten häufig nicht in Ruhe und mit dem Genuss eingenommen werden, den wir empfinden sollten. Das Gegenüber und die geführten Gespräche stehen hier im Fokus.

Dann tun die Speisen auch nicht gut bzw. liegen schwer im Magen. Oftmals werden die Häppchen oder das Menü schnell und unbewusst eingenommen, wenn nicht gar herunter geschlungen. Allein das Rede-Antwort-Prozedere bedingt, dass nicht entspannt gegessen werden kann. Besonders appetitlich ist es auch nicht, dem Gesprächspartner mit einem halb-zerkauten Lachsbrötchen im Mund zuzuhören. Also lohnt eventuell der Gedanke, die Snacks wegzulassen und erst nach dem Stehempfang etwas zu essen.

Auch gilt es zu überlegen, mit wem sich ein gemeinsames Essen im Geschäftsalltag bewährt. Denn zusammen eine Mahlzeit zu genießen, ist in den meisten Fällen eine angenehme Erfahrung. Schon seit jeher. Es weckt gute Erinnerungen an das Frühstück, das zusammen mit der Familie eingenommen wurde, oder ein Abendessen, bei dem in gemütlicher Atmosphäre mit den Tischgefährten diskutiert bzw. die Erlebnisse des Tages ausgetauscht werden.

Führungskräfte sollten darüber nachdenken, wer zu den Menschen gehört, mit denen man sich eine kurze Auszeit beim Essen gerne gönnt. Dies können Vertraute in der Firma sein, die nicht nur als Kollegen, sondern eventuell auch schon als gute Bekannte gelten. Oder sympathische Menschen, die man interessant findet und immer schon einmal treffen wollte. Natürlich kann auch einmal eingeplant werden, einen Freund oder Familienmitglieder zu treffen, die gar nichts mit der Firma zu tun haben. Dies wird eine kleine Erquickung und angenehme Abwechslung zum Geschäftsalltag darstellen. Wichtig bei allen Essensverabredungen: Man sollte sich auf die Personen freuen, die Tisch und Mahlzeit teilen.

Es lohnt sich auch einmal zu hinterfragen, ob die Geschäftsessen tatsächlich immer die richtige Atmosphäre für einen Abschluss oder eine wichtige Besprechung bieten. Dies ist immer dann der Fall, wenn man gerne mit dem Gegenüber zusammensitzt und gemeinsam genießt. Denn es gibt ja häufig Gesprächspartner, die man gerne trifft und mit denen das Essen Spaß macht.

Aber es gibt sicherlich auch eher unangenehme Gespräche bzw. Menschen, mit denen man ungern zu tun hat. Wenn es beispielsweise um vertrackte Preisverhandlungen geht oder um tiefgreifende Kritik an einem langjährigen Mitarbeiter. Hier ist es möglicherweise sinnvoll, Essen und Gespräch zu trennen. Also lieber das Essen mit angenehmer und selbst gewählter Gesellschaft einnehmen, so dass Kraft für ein anschließendes Gespräch mit Kunden oder schwierigen Mitarbeitern da ist. Oder umgekehrt: Erst eine Verhandlung führen, um sich dann auf ein Essen zu freuen, das mit guten Tischnachbarn als Belohnung dienen kann.

Auf keinen Fall sollten althergebrachte Gepflogenheiten wie das Pflichtessen nach einem Deal nur deshalb aufrechterhalten werden, weil es immer schon so war. Wenn dies nicht angenehm ist, dann reicht es, gemeinsam anzustoßen, um sich im Anschluss daran zu verabschieden. Oder ist es wirklich notwendig, das aus drei Gängen bestehende Essen bei der Vorstandssitzung „durchzuhalten"? Wer lieber nur eine Vorspeise nimmt, kann sich ebenso gut mit den Kollegen kurzschließen und die Atmosphäre außerhalb des Meetings genießen. Wer sich dann für ein paar Minuten verabschieden möchte, um nochmals den Kopf freizubekommen – bei einem kurzen Spaziergang oder einem Kaffee mit einem Vertrauten – der sollte dies tun. Es gibt keine Regel, die dies verbietet.

Manchmal müssen hierfür (Ernährungs-) Routinen gebrochen werden, die schon seit Jahren existieren. Doch wozu sind Führungskräfte mit Verantwortung und eigenem Willen ausgestattet? Sicherlich auch, um sich beim Essen die Gesellschaft auszusuchen oder althergebrachte Rituale zu ändern bzw. sogar aufzugeben. Das gibt Kraft und wird auf Dauer für Geist und Körper die richtigen Impulse geben, um auch langfristig im Führungsalltag gut zu leben und diesen zu bestehen.

1.4 Mach' es Dir schön beim Essen

Wer sagt eigentlich, dass Essen in der Firma eher Pflicht als Vergnügen sein muss? Natürlich wird man bei privaten Einladungen bzw. zu Hause den Tisch eher nach seinen eigenen Vorstellungen decken und die Speisen bzw. das Menü nach den jeweiligen Vorlieben gestalten. Aber auch im Beruf muss es nicht immer nur der steril wirkende Essensplatz in der Kantine sein. Auch hier gibt es Möglichkeiten, sich die Mahlzeiten etwas angenehmer zu gestalten. Allein das Essen vom Tablett zu nehmen, kann bereits eine andere Atmosphäre schaffen.

Oder auch der Ort, an den man sich setzt. So gibt es eventuell Plätze am Fenster, die wesentlich angenehmer sind als im direkten Umfeld der Theke. Oder warum nicht das Tablett mit an die frische Luft nehmen? Die meisten Firmen verfügen heute über einen Außenbereich bzw. sogar Garten oder Park, der von den Unter-

1.4 Mach' es Dir schön beim Essen

nehmensangehörigen genutzt werden kann. Dies ist eventuell gerade im Sommer oder überraschend schönen Tagen im Frühjahr und Herbst eine angenehme Abwechslung.

Sich auch hin und wieder nur für einen Kaffee oder Tee nach dem Essen in ein schönes Umfeld zu begeben, kann die Laune heben. Entweder für einen kurzen Moment der Stille auf einer Bank unter einem Baum oder bewusst mit netten Kollegen, die man länger nicht gesehen hat.

Es gibt übrigens keine Vorschriften, wo und mit wem eine Führungskraft sich zum Essen verabreden muss. Sie sollte selbstbestimmt agieren, gerade wenn es um so wichtige Dinge wie Kraftschöpfen oder Entspannung geht. Vielleicht hat ja in der näheren Umgebung gerade ein französisches Bistro eröffnet oder das Restaurant um die Ecke hat einen neuen Chefkoch. Dies kann spannend sein und ein wenig vom normalen Alltag ablenken. Denn auch gut informierte Führungskräfte, die Tipps zu umliegenden Gastronomie-Highlights geben können, werden von Mitarbeitern, Kunden und Vorstandskollegen geschätzt.

Das Interesse am Umfeld zeigt, dass es neben der Arbeit auch andere Themenbereiche gibt, die zum Führungsalltag dazugehören. Und sie bieten Gelegenheit, um sich mit anderen über Dinge auszutauschen, die auch einmal abseits vom harten Kerngeschäft beheimatet sind.

Natürlich gilt es nicht, sich allzu lang und intensiv über das außerhalb des Firmengeländes Erlebte zu unterhalten (wer will schon als „Frühstücksdirektor" gelten), aber sich kurz über neue Trendlokale oder den gerade eröffneten Patissier auszutauschen ist menschlich und wird bei Kollegen und Geschäftspartnern auf Sympathien stoßen bzw. nicht selten als Türöffner dienen. Einfach ausprobieren! Entweder freut sich der Gesprächspartner über einen Tipp oder es stellt sich sogar heraus, dass Gemeinsamkeiten bestehen.

Wer darüber hinaus über Möglichkeiten verfügt, die Auswahl oder das Ambiente für eine Kantine bzw. gemütliche Tee-Ecken zu beeinflussen, sollte dies nutzen. Einerseits dient es dem eigenen Wohlbefinden, andererseits können gute Ideen für eine italienische Cappuccino-Lounge oder das spanische Tapas-Buffet die Stimmung bei den Mitarbeitern heben. Viel zu häufig werden Dinge einfach hingenommen. Dabei ist es oft unkompliziert und mit wenig Aufwand verbunden, Neues vorzuschlagen bzw. zu veranlassen.

So gibt es beispielsweise Unternehmensberatungen, die einen Partner (!) damit beauftragen, sich um das leibliche Wohl der Mitarbeiter zu kümmern. Die Einrichtung einer Kantine bzw. in diesem Falle vielleicht besser „des Unternehmensrestaurants" so zu gestalten, dass es ein Genuss ist, sich dort aufzuhalten, ist nicht selten Aufgabe einer hochgestellten Führungspersönlichkeit. Hierbei Vorschläge von Inneneinrichtern, Catering-Unternehmen und Köchen einzuholen, ist ein wesentlicher Faktor, um Associates, Counsels, Partnern und Assistenten den Berufsalltag angenehm zu gestalten und ein insgesamt positives Arbeitsklima zu bieten. Dies zu erkennen, ist ein Kernthema guter Geschäftsführung, das häufig vernachlässigt wird. Wer sich in diesem Bereich engagieren kann, sollte seinen Einfluss zum Wohle aller geltend machen. In vielen Unternehmen gibt es mittlerweile ein betriebliches Gesundheitsmanagement, das als Ansprechpartner auch für Themen der Ernährung gilt.

Die Ausgestaltung von Ruhebereichen und Kaffee-Lounges ist ebenfalls nicht unwichtig. Kreativarbeit und Motivation hängen in vielen Fällen mit dem Ambiente zusammen. Karl Lagerfeld beispielsweise zeichnet seine Entwürfe nur in seinen eigenen vier Wänden, weil hier die Atmosphäre für ihn stimmt. Natürlich ist dies nicht für alle Mitarbeiter denkbar, aber heute ist allgemein anerkannt, dass eine ansprechende Umgebung zu besserer Leistung führt.

Daher sind auch kleine Gesten bzw. Verschönerungen willkommen, auch wenn es nur die ansprechende Tasse für den Tee oder das Gebäck in einem edlen Silber-Schälchen ist. Im Detail beginnt bereits die Gestaltung eines Ambientes, das zu Wohlbefinden und somit größerer Motivation führt.

Iss bekömmlich

Auftakt: Nicht alles, was lecker ist, tut Dir gut

Das Menü im Restaurant liest sich meist so anregend, dass die 5 Gänge komplett bestellt werden. Auch die Auslage im Delikatessgeschäft ist oft verführerisch und die heimische Käseauswahl zum Rotwein lässt keine Wünsche offen, so dass die Augen häufig größer sind als der Appetit.

Hin und wieder ist es sogar gut und wichtig, seinen Gelüsten nachzugeben. Aber es gibt auch Zeiten, zu denen der Körper nicht alles so gut verarbeiten kann, wie der Mensch es sich wünscht. Beispielsweise an Tagen, die nur aus Sitzen und wenig Bewegung bestehen. Oder einem Tag im Flugzeug zum Meeting nach Übersee.

Was wichtig im Umgang mit der eigenen Ernährung ist, klingt sehr einfach, ist jedoch nicht immer leicht: die Beobachtung des eigenen Organismus. So gibt es Tage, an denen uns ein üppiges Abendessen keineswegs schadet, weil es über den Tag verteilt keine allzu großen Mahlzeiten gab. Es kommt aber sehr stark auf die Zusammensetzung und die Zutaten an.

Es gibt Menschen, die abends ohne Probleme einen großen Berg Nudeln mit Scampis und einer cremigen Tomatensoße essen können, ohne dass sie sich danach übermäßig gesättigt fühlen. Andere bleiben eher bei Gemüsetellern oder Salat mit Sprossen und Kernen, um ein Gefühl von schwerer Kost zu vermeiden.

ABER – die Verträglichkeit von Lebensmitteln ist bei jedem Menschen sehr individuell. Es können keine Vorschriften gemacht werden, welche Speisen besonders gut bekömmlich sind und welche eher lange im Magen verweilen und Beschwerden bereiten. Hier werden immer wieder zahlreiche Tipps gegeben und Verbote erhoben, die aber häufig nur für eine bestimmte Gruppe von Menschen gelten.

Probieren geht über Studieren – dieses Motto ist in jedem Falle angesagt. Es ist tatsächlich bei jedem Menschen unterschiedlich, was „gut ankommt". Dabei gilt es, auf das eigene Bauchgefühl zu hören und ihm Raum zu geben. Wer jeden Abend mit Heißhunger nach Hause kommt und vor dem eigentlichen Essen bereits Salamischeiben oder Käsewürfel im Stehen vor dem Kühlschrank verschlingt, dazu ein paar Cracker und Salzstangen, wird sich ärgern, wenn das leckere Abendessen dann eher mit gedämpftem Appetit verspeist wird.

Hier gilt es, lieber die Vorfreude zu genießen und falls der Hunger doch überwältigend ist, einige Kirschtomaten, Radieschen oder Birnenstückchen, die für den Salat zubereitet werden, zu naschen, und sich nicht die Freude aufs Essen zu verderben. Der Körper erlaubt fast alles, wenn wir es mit Genuss und in Ruhe zu uns nehmen. In der Regel bedeutet das auch, dass kein Verzicht geübt werden muss. Wir lernen sehr schnell, welche Speisen uns gut bekommen und welche eher zu Unwohlsein führen.

In vielen Fällen entwickelt der Körper von alleine Mechanismen, womit er auf Bedürfnisse aufmerksam macht. So kommt es vor, dass wir in bestimmten Phasen Heißhunger auf Lebensmittel haben, die nicht zu unserem Alltagsessen gehören. Rote Beete, ein saftiges Steak oder tiefgrünes Gemüse – möglicherweise benötigt der Organismus dann Eisen. Oder wir entwickeln zeitweilig eine Aversion gegen das tägliche Bio-Müsli mit Kleie, weil eventuell zu viel Vollkorn und die Ballaststoffe zu schwer im Magen liegen.

Das Erkennen von Signalen, die der Körper aussendet, und die Beobachtung, welche Speisen nicht nur während des Essens schmecken, sondern auch im Anschluss an die Mahlzeit gut bekömmlich sind, gehören zur intelligenten Ernährung von Führungskräften dazu. Was zunächst etwas ungewohnt und schwierig wirkt, wird auf Dauer zur Routine und führt zu einem Wohlgefühl während und nach dem Essen sowie mehr Spaß im privaten Leben und während des anspruchsvollen Führungsalltags.

2.1 Maßvoll ist besser als üppig

Auch wenn wir in Ausnahmesituationen wie ausgiebigen Geburtstagsessen oder mehrgängigen Menüs im Restaurant auch einmal über die Stränge schlagen, ist dies für die tägliche Nahrungsaufnahme auf Dauer schädlich. Die meisten empfinden zu viel Essen bzw. große Mengen als unangenehm, da sie schwer im Magen liegen und belasten.

Doch wie kann es vermieden werden, dass der Heißhunger überfallartig auftritt und keine Chance für ein gutes Maß gibt? Zunächst einmal hängt Vieles mit dem bewussten Essen zusammen. Wenn wir uns darüber im Klaren sind, was wir gerade zu uns nehmen, wird dies von Kopf und Körper wahrgenommen und schickt auch ein Zeichen, wenn er genug hat bzw. satt ist.

Aber auch wenn die Zeit einmal wieder viel zu knapp sein sollte, um sich einer „anständigen" Mahlzeit zu widmen, helfen auch kleine Speisen über den Tag ver-

2.1 Maßvoll ist besser als üppig

teilt, um sich abends oder am späten Nachmittag nicht ausgehungert zu fühlen. Dazu gehört ein bisschen Planung, die sich aber durchaus bewährt. Wenn es beispielsweise schon absehbar ist, dass der Tag mit Meetings und langen Gesprächen gespickt sein wird, dann sollte es zur Regel werden, für gewisse Zwischenmahlzeiten und Energiespender zu sorgen.

Wer gerne frühstückt, sollte dies auch tun. Möglichst mit etwas Zeit, um für den Vormittag gut gerüstet zu sein. Es gibt jedoch viele Menschen, für die es eher Stress bedeutet, ausgiebig zu frühstücken, weil sie länger schlafen möchten und auch noch keinen wirklichen Appetit empfinden. Hier empfiehlt es sich, auf seinen Körper zu hören und ihm die erste Mahlzeit erst dann zuzuführen, wenn Lust darauf besteht.

Am besten sollte dann auch das gegessen werden, was gerade guttut. Dies kann bei dem einen ein Joghurt mit Honig und Früchten sein, der bereits von zu Hause mitgenommen wurde, oder auch ein Baguette mit Schinken und getrockneten Tomaten, die der lokale Bäcker frisch zubereitet hat. Möglicherweise variiert der Appetit auch von Tag zu Tag, was mit den Mahlzeiten am Vorabend oder auch mit den aktuellen Bedürfnissen des Körpers zusammenhängen kann.

Kurze Pausen während der Tagung sollten genutzt oder Zeiten zwischen Gesprächen mit Mitarbeitern auch bewusst eingeplant werden. Hier können zur Mittagszeit oder während des Nachmittags Mahlzeiten eingenommen werden, die auf den Bedarf abgestimmt werden. Wenn es sich um wenige Minuten handelt, ist vielleicht ein Salat oder ein Wrap im ruhigen Ambiente des Büros geeigneter als der gehetzte Gang in die Kantine. Bei etwas mehr Zeit ist es sicherlich angebracht, möglicherweise Suppe und ein Fischfilet mit Gemüse im nahe gelegenen Bistro oder Betriebsrestaurant zu essen.

Dies hängt immer von den jeweiligen Gegebenheiten ab und muss auch nicht mit aller Gewalt auf eine bestimmte Uhrzeit oder einen Ort festgelegt sein. Hauptsächlich kommt es auf die bewusste Pause und das hiermit verbundene Genießen des jeweiligen Essens an.

Am Nachmittag ist es sinnvoller, lieber auf nebenher verspeiste Kekse und Schokoriegel im Besprechungsraum zu verzichten, um dann lieber während einer kurzen Unterbrechung einen Apfel oder auch ein Rosinenbrötchen zusammen mit einem Kaffee zu sich zu nehmen. Oder einen Obstsalat. Oder auch eine Scheibe Sauerteigbrot mit gesalzener Butter und Kräutern, wenn der Appetit eher auf Deftiges ausgerichtet ist.

Bei einer solchen Tagesration, die aus mehreren Mahlzeiten – größeren und kleineren – besteht, wird der Insulinspiegel, der für Heißhungerattacken verantwortlich ist, auf einem bestimmten Niveau gehalten. Dies lässt uns bis zum Abend genügend Energie haben und die letzte Mahlzeit des Tages richtig genießen.

Auch diese sollte auf den jeweiligen Appetit abgestimmt sein und von der Menge her nicht übermäßig ausfallen. Was aber meist auch nicht notwendig ist, wenn tagsüber ein paar Pausen eingelegt wurden, in denen Kopf und Körper kurz zur Ruhe kommen konnten und mit etwas Energie versorgt wurden.

Doch hier gilt ebenso: Nicht päpstlicher sein als der Papst. Wenn es am Abend auch einmal eine Menüabfolge mit mehreren Gängen oder einen großen Teller italienischer Pasta gibt, sollte dies gelegentlich genossen werden. Wenn Lust darauf besteht. Dies tut Körper und Seele von Zeit zu Zeit gleichermaßen gut, so dass die Mahlzeit auch nicht belasten wird.

Das Verkneifen bedeutet eventuell eher Stress, der durch bestimmte Hormone zur Gewichtszunahme führt. Hier sollte eher ganz bewusst eine üppige Mahlzeit mit Genuss zelebriert werden, ohne sich dabei selbst Angst vor dem Zunehmen zu machen oder ein schlechtes Gewissen zu haben. Solange es die Ausnahme bleibt und nicht zur Regel wird. Dann tut auch ein Essen mit allen Schikanen besser als der Verzicht.

2.2 Regelmäßigkeit tut gut

Was als geregelt bzw. regelmäßig bezeichnet wird, ist beim Essen sicherlich Auslegungssache und muss von jedem selbst für sich bestimmt werden. Es ist nicht gemeint, dass jeden Tag um acht, um zwölf und um neunzehn Uhr die Hauptmahlzeiten eingenommen werden sollten. Dass dies gut tun soll, ist sicherlich ein alter Mythos, der jedoch mit der Realität und dem modernen Führungsalltag nichts zu tun hat. Es mag Menschen geben, die diese Art der Regelmäßigkeit schätzen, aber das hängt meist auch mit der Persönlichkeit zusammen, die insgesamt lieber in bestimmten Rhythmen und Zyklen lebt oder strukturierte Prozesse braucht.

Wer allerdings weiß, dass der Tagesablauf durchaus nicht immer gleich und vor allem vorhersehbar ist, sollte sich nicht diesen strengen Vorschriften geregelter Mahlzeiten unterwerfen, die dann sowieso nur gebrochen werden können. Es geht vielmehr darum, sich selbst einer „flexiblen" Regelmäßigkeit zu unterwerfen, die zum Arbeitsalltag passt.

Eine Legende, die sich über Jahrzehnte gehalten hat, ist übrigens der Mythos vom Frühstück als wichtigste Mahlzeit des Tages. Dies ist zwar vom Volksmund verordnet, hat sich in der Praxis aber nicht bewährt. Es gibt Menschen, die ohne Frühstück nicht in den Tag kommen und andere, für die die frühe Mahlzeit eine Qual bedeutet. Ohne Hunger etwas zu essen, ist völlig kontraproduktiv. Eine solche auferlegte Mahlzeit kann sogar dazu führen, über den ganzen Tag ein übertriebenes Hungergefühl zu empfinden.

2.2 Regelmäßigkeit tut gut

Die Tatsache, dass Menschen unterschiedlich ticken und als Chronologie-Typ eher als Lerche, also Frühmensch, oder Eule, sprich: Nachtmensch, agieren, ist mittlerweile erwiesen. So muss sich niemand eine Mahlzeit gleich nach dem Aufstehen aufzwingen. Es reicht völlig, sich erst später mit Erhöhung des Aktivitätshormons Cortisol im Blut, das Blutdruck und Körpertemperatur ansteigen lässt, etwas zu essen zu gönnen.

Die Hormone entscheiden maßgeblich darüber, wann ein Mensch leistungsstark und wann er träge bzw. schläfrig ist. Dieser Verlauf verschiebt sich bei Lerchen und Eulen oftmals um Stunden. Auch wenn der Rhythmus, dem die Hormonschwankungen folgen, ähnlich ist. Aber eben mit unterschiedlicher „Startzeit".

So kann es für den einen angenehm sein, bereits vor oder zu Arbeitsbeginn etwas zu essen. Ob dieser an einem Tag etwas früher ist, weil ein Flug zu einer europäischen Niederlassung ansteht, oder etwas später, weil der Tag im Büro nach einer langen Abendsitzung auch einmal erst um 10 Uhr beginnt, ist egal. Es ist nur wichtig, für sich zu wissen, ob eine Mahlzeit zu Beginn des Tages guttut. Dann lohnt es sich, hierfür Zeit einzuplanen.

Dass ein paar Stunden nach dem Frühstück eine zweite Mahlzeit (bzw. für den ein oder anderen vielleicht auch erst die erste) eingeplant werden sollte, ist sinnvoll. Denn so wie ein Fahrzeug Treibstoff benötigt, um zu laufen, benötigt der menschliche Organismus entsprechende Nahrungsmittel, um reibungslos zu funktionieren. Wenn klar ist, dass man unterwegs ist, so können bereits vorbereitete Snacks von zu Hause mitgenommen werden. Oder man kennt seinen Bestimmungsort so gut, dass man um den dortigen Delikatessladen oder die Backstube weiß, bei der man sich kurzfristig versorgen kann.

Um dann bis zum Abend durchzuhalten, sollten für den Nachmittag auch Kleinigkeiten bereit stehen. Dies kann Studentenfutter mit getrockneten Cranberries sein oder auch frische Früchte, die der Saison entsprechen.

Tendenziell ist es auch für den Organismus besser zu verarbeiten, wenn er mehrere kleine Speisen alle zwei bis drei Stunden erhält, als wenn nach fünf Stunden immer große Mengen zu sich genommen werden. Hier gilt es, im Führungsalltag Routinen zu entwickeln, zu welchen Zeiten kleine Pausen eingebaut werden können. Unabhängig davon, wann die erste Mahlzeit am Tag eingenommen wird. Für den einen mag dies am besten früh am Tag, für den anderen am späteren Vormittag sein. Wichtig ist nur, dass nach einer gewissen Zeitspanne, die nicht zu lange hinausgezögert werden sollte, wieder Energie zugeführt wird.

Diese Regelmäßigkeit kann u. a. dazu führen, dass das Gehirn sich besser versorgt fühlt und einwandfrei funktioniert. Außerdem hat der Magen etwas zu verarbeiten und muss sich nicht mit seiner Leere bzw. möglichem Stress, ob er etwas zu essen bekommt, befassen. Die Verdauung wird mit kleinen, regelmäßigen Mahlzeiten ebenfalls gut funktionieren, was dem körperlichen und geistigen Wohlbefinden zuträglich ist.

2.3 Wie ist das Gefühl nach dem Essen

Oh ja – der Hamburger mit der doppelten Portion Käse und Speck muss es jetzt sein! Und dazu Pommes Frites – aber die große Variante. Oder ein großes Stück Sachertorte, die der Kollege gerade aus Wien mitgebracht hat...vielleicht gleich noch ein zweites Stück, denn wer weiß, wann es diese Delikatesse wieder in dieser Form und Güte gibt. Auch wenn das Mittagessen gerade erst eine halbe Stunde her ist.

Wer kennt diese Situation nicht? Das Loch im Bauch ist riesig, die Gelegenheit gegeben und eine Belohnung nach der Vorbereitung des Berichts für den Aufsichtsrat sowieso fällig. Dies mögen einleuchtende Gründe für das Vertilgen großer Mengen oder unvernünftiger Nahrungsmittel sein. Jeder wird das schon erlebt haben. Aber der Moment der Freude ist meist nur kurz: Das schnelle und viele Essen macht sich leider ziemlich schnell bemerkbar.

Zunächst einmal breitet sich ein unangenehmes Völlegefühl aus. Anschließend drückt es im Bauchbereich oder die Hose sitzt auf einmal sehr viel enger als noch vor dem Essen. Gerade gieriges Schlingen führt dazu, dass die Speisen nicht wirklich gut gekaut und damit bekömmlich gemacht werden. Es wird häufig mehr gegessen, als es dem Organismus guttut. Das Sättigungsgefühl braucht ein paar Minuten, bis es im Gehirn ankommt und mit Botenstoffen signalisiert, dass die Essensaufnahme beendet werden sollte.

So ist es schnell passiert, dass viel zu schnell gegessen wird und der Magen sich (über-) voll anfühlt. Wenn es dann noch schlecht zerkleinert und die falschen Produkte sind, ist das Unbehagen perfekt. Denn dann benötigt der Körper extrem lang, um die schlecht gekaute Mahlzeit zu verdauen. Eventuell liegen einige Speisen noch Stunden nach dem Essen im Verdauungstrakt, weil der Körper sie nicht gut verarbeiten kann. Als Auswirkung lässt sich auch eine schlechtere Konzentrationsfähigkeit beobachten, da der Organismus die für die Verdauung notwendige Energie in den Magen-Darm-Bereich lenkt und diese dann an anderen Stellen fehlt.

Beobachtung ist hier gefragt! Es gibt Menschen, die extreme Mengen essen können und auch gegenüber vielen Nahrungsmitteln aufgeschlossen sind. Aber umgekehrt – und das ist bei den meisten Menschen der Fall – werden kleinere Mengen besser vertragen. Und auch nicht jede Speise ist für alle geeignet.

Wie ist das Gefühl nach Pilzen, die gerade im Herbst auf keiner Speisekarte oder in den Auslagen der Gemüseläden fehlen? Zwar sind sie kalorienarm aufgrund ihres hohen Wassergehalts und sättigen sehr effektiv. Sie liegen aber oft schwer im

2.3 Wie ist das Gefühl nach dem Essen

Magen, da sie unverdauliches Chitin enthalten und damit eine große Menge an Ballaststoffen. Darauf reagieren einige Menschen mit Bauchschmerzen und geblähtem Bauch, hin und wieder sogar mit Übelkeit.

Wer dennoch nicht auf Pilze verzichten möchte, kann darauf achten, dass diese auf jeden Fall gekocht oder gebraten sind. Noch dazu können Beigaben von Kümmel oder Fenchel die Verträglichkeit verbessern.

Oder z. B. Ananas. Hierauf reagieren zahlreiche Menschen zwar nicht mit Verdauungsproblemen, aber sie kribbelt und brennt häufig auf der Zunge und hinterlässt dort ein pelziges, taubes Gefühl. Nicht immer muss dies eine Nahrungsmittelunverträglichkeit sein, sondern manchmal ist es schlicht die Menge, die eine solche Reaktion auslöst. So ist die Säure (auch in anderen Früchten) oft verantwortlich für das unangenehme Mundgefühl. Hier kann ein Glas Milch, die der Säure entgegenwirkt, oder einfach das Putzen der Zähne helfen.

Am wichtigsten ist es in allen Fällen, sich mit den Reaktionen auf unterschiedliche Speisen auseinanderzusetzen. Zu beobachten, ob es nach bestimmten Nahrungsmitteln immer dieselben Folgeerscheinungen sind oder ein Produkt eventuell in bestimmter Zusammensetzung nicht gut verdaut oder verarbeitet werden kann.

Hier mag es – obwohl es lecker ist – mehr Sinn ergeben, das ein oder andere künftig nicht mehr oder nur selten zu verzehren, da die Begeisterung zwar im Moment des Essens da ist, die negativen Nachwirkungen jedoch überwiegen bzw. den Genuss verderben.

In vielen Fällen kann schon die Zubereitung oder die Beigabe unterschiedlicher Kräuter und Gewürze hilfreich sein. Dieses für sich herauszufinden ist nicht immer leicht, aber durchaus lohnend. Gerade wenn es um Gerichte geht, die tagsüber zu sich genommen werden, kann es extrem lästig sein, wenn sie sich während der Arbeitszeit „zurückmelden" oder lange im Magen verbleiben. Das kann die Konzentration auf die Arbeitstätigkeit verringern und Energieverluste mit sich bringen.

Wer also künftig beim zweiten Stück Sachertorte bewusst verzichtet und lieber das erste in Ruhe sowie mit viel Genuss und Aufmerksamkeit isst, wird es später nicht bereuen. Oftmals sind das Tempo sowie die Menge ausschlaggebend für ein Unwohlsein im Anschluss. Wenn die Augen noch so groß sind – der Magen hat eine bestimmte Füllmenge, die bei Überschreitung mit unangenehmen Folgewirkungen reagiert.

Es ist, wenn man sich an kleinere, bewusste Mengen gewöhnen möchte, stets eine Sache der Disziplin, weil es ja so schön ist, bei leckeren Angeboten ungehemmt zuzuschlagen. Wer jedoch auf sich hört und immer öfter erlebt hat, wie gut sich eine kleinere Menge mit genügend Zeit genossen im Magen anfühlt, wird darauf nicht mehr verzichten wollen. Dann fällt es auch nicht schwer, sich mit weniger zufrieden zu geben, um nachher das Mehr an Wohlbefinden genüsslich auskosten zu können.

An dieser Stelle sei noch einmal gesagt: Es gibt besondere Anlässe, zu denen man sich mit Genuss auf das Quäntchen mehr einlassen kann. Solange es nicht zur Regel wird und an den folgenden Tagen wieder bewusst und mit Maß gegessen wird, schadet ein üppiges Mahl nicht und wird vom Körper verziehen.

2.4 Lebensmittel, die den Einzelnen belasten können

Schon vorher ist angesprochen worden, dass es Unverträglichkeiten oder Allergien gibt, die durch bestimmte Nahrungsmittel ausgelöst werden. Durch eine zunehmende Vielfalt an Lebensmitteln sowie unterschiedlichste Zusatzstoffe in der Nahrung ist die Wahrscheinlichkeit gestiegen, dass Menschen auf diese unangenehmen Symptome bis hin zu Allergien reagieren.

So kann es nach dem Verzehr von Milch, bestimmten Obst- oder Gemüsesorten, Getreide, Eiern oder sogar Gewürzen zu ungewünschten Reaktionen kommen, die zum Teil nur unangenehm, in Einzelfällen jedoch auch gefährlich sein können. Durch das Ausschlussverfahren kann den „Missetätern" auf die Schliche gekommen werden, so dass durch Vermeidung dieser Lebensmittel der negative Effekt hierauf ausbleibt.

Allergien lassen das Immunsystem anspringen, weil bestimmte Bestandteile der Nahrung, meist Eiweiße, als gefährliche Eindringline wahrgenommen werden, auf die mit Abwehrstoffen reagiert wird. Diese sogenannten Antikörper sind für die Produktion von Botenstoffen wie z. B. Histamin verantwortlich, die Symptome an der Haut, bei der Verdauung, in den Atemwegen und im Herz-Kreislauf-System hervorrufen können.

Unverträglichkeiten lösen keine Immunreaktion aus. Bestimmte Stoffe aus der Nahrung können jedoch nicht verarbeitet werden, weil beispielsweise ein Enzym fehlt, das für den Abbau der Produkte notwendig ist. Der Körper kann dann einige Nahrungsbestandteile nicht richtig verdauen und es kommt zu Reaktionen wie z. B. Blähungen, Durchfall und Übelkeit.

Eine Unterscheidung dieser beiden Reaktionen auf Nahrungsmittel ist jedoch nicht immer einfach, so dass die Eigenbeobachtung sowie das Konsultieren eines Spezialisten meist Abhilfe schafft, indem das Störelement identifiziert und durch Vermeidung, Reduzierung oder spezielle Verarbeitung unschädlich gemacht wird.

Im Folgenden wollen wir einige mögliche Verursacher von Allergien bzw. Lebensmittelunverträglichkeiten ansprechen, die besonders häufig vorkommen.

Die Milch macht's

Viele Menschen empfinden nach dem Genuss von Milch ein Unbehagen. Obwohl wir als Kinder immer hörten: „Trink' Deine Milch, damit Du groß und stark wirst!" ist sie kein Allheilmittel bzw. wird im Gegenteil oft schlecht vertragen. Dies kann mit einer Laktose-Intoleranz zusammenhängen, bei der das Enzym Laktase zur Spaltung des Milchzuckers fehlt. Landet dieser unverdaut im Darm, kann es zu Reizungen der Darmschleimhaut kommen. Verdauungsprobleme aller Art sind die Folge, was jedoch durch künstliche Zuführung von Laktase bzw. Meidung von Milch und Milchprodukten verhindert werden kann.

Meist ist auch hier das Trial and Error Prinzip sinnvoll, denn einige Menschen mit Laktose-Unverträglichkeit können zwar keine Milch vertragen, haben aber mit Hartkäse keine Probleme, „zumal viele Käsesorten nur noch einen geringen bzw. gar keinen Anteil an Laktose haben." Für andere sind Sauermilchprodukte, Joghurt oder Sahne ohne größere Nebenwirkungen verträglich. Dies gilt es herauszufinden.

Bei der Milchallergie hingegen reagiert der Körper auf die Milcheiweiße mit der Ausschüttung von Antikörpern, die wiederum ähnliche Symptome wie bei der Intoleranz auslösen. Das Immunsystem bekämpft die vermeintlichen „Eindringlinge", der Körper reagiert mit unterschiedlich stark ausgeprägten Symptomen und Milch sollte folglich gemieden werden.

Da es jedoch mittlerweile zahlreiche Menschen gibt, die keine Kuhmilch vertragen, gibt es ein breites Angebot an Alternativen aus Soja bzw. Getreide oder laktosefreie Produkte. Die Qualität wird zunehmend besser und oft ist es nur eine Sache der Umstellung, um sich an den Geschmack der „anderen" Milch zu gewöhnen.

Unser tägliches Brot

Brot gibt es heute in verschiedensten Ausführungen, Formen und Arten. Gerade in Deutschland existieren so viele Sorten wie in keinem anderen Land der Welt! Dem ein oder anderen wird dies sogar zum Verhängnis. Nicht jedem bekommt ein bestimmter Stoff, der in zahlreichen Broten vorkommt: das Klebereiweiß, auch Gluten genannt. Als Bestandteil von Getreide ist es vor allem in Weizen, Roggen, Gerste und Hafer enthalten. Das Gluten greift die Dünndarmschleimhaut an, welche in Folge ihre Aufgaben der Nährstoff- und Flüssigkeitsaufnahme nicht mehr erfüllen kann.

Symptome einer Glutenintoleranz sind Verdauungsprobleme und Mangelerscheinungen wie Hauttrockenheit, Schwäche oder Muskelkrämpfe, um nur ein paar Folgen des Vitamin- und Nährstoffmangels zu nennen.

Hilfe verspricht nur das Meiden der auslösenden Substanz, des Glutens. Doch es gibt mittlerweile zahlreiche Alternativen zu Weizen- oder Roggenbroten. So bieten Bäckereien heute häufig Teigwaren aus Mais, Hirse, Reis, Buchweizen, Quinoa oder Soja an, die keine negativen Folgen für Betroffene haben.

Wer also feststellt, dass er nach dem Genuss von Brot oder Nudeln Probleme bekommt und sich vor allem mit Blähungen oder anderen Verdauungsbeschwerden quält, sollte sich beraten lassen und Varianten zu Weizenprodukten probieren. Das Wohlbefinden stellt sich rasch wieder ein, nachdem der Auslöser gefunden wurde und künftig gemieden wird.

Da Gluten auch in zahlreichen Zusatzstoffen enthalten ist, sollten in Restaurant und Kantine möglichst unverarbeitete Produkte ohne Zusätze gewählt werden, z. B. gedünsteter Fisch mit Reis oder Steak natur mit Kartoffeln und Gemüse in Butter. Oder ein bunter Salatteller mit Essig und Öl. Auch in fertigen Dressings sind häufig Zusatzstoffe, daher sind das reine Produkt und einzelne Komponenten wesentlich vertrauenswürdiger – und schmecken häufig auch besser – als Panaden, Frittiertes oder Soßen, die mit allerlei künstlichen Zusätzen gespickt sind.

Zwar keine Allergie oder Unverträglichkeit, aber dennoch unangenehm zeigt sich für manche Menschen das Vollkorn. In der Schale des Getreidekorns sind neben Nährstoffen und Vitaminen leider auch Giftstoffe, die im Wesentlichen dazu dienen, vermeintliche Schädlinge vom Getreidekorn fernzuhalten. Dass beim Verarbeiten des ganzen Korns auch diese Schadstoffe von uns aufgenommen werden, ist für viele problematisch. Daher sollte beim Verzehr von Vollkornbroten beobachtet werden, wie das Gefühl danach ist. Fühlt sich der Bauch voll und gebläht an, so kann dies einfach daran liegen, dass die Giftstoffe ihre Wirkung zeigen.

In früheren Zeiten konnten sich nur reiche Bürger das ausgemahlene Korn bzw. das weiße Brot leisten. Das war sicherlich nicht nur ein Mittel, um ihren Wohlstand zu zeigen, sondern hatte auch den Vorteil, dass dieses bekömmlicher war. Alternativ zu den weißen Broten kann Vollkorn durch den Prozess des Verarbeitens als Sauerteig, was nur noch wenige Bäcker vermögen, seine Giftstoffe verlieren. Für viele Hersteller ist dieser Prozess jedoch zu aufwendig, so dass die schnelle Verarbeitung auch die Konsequenz von Magen- und Darmbeschwerden mit sich bringen kann. Das volle Korn ist natürlich auch einfacher zu Brot zu verarbeiten als wenn das Korn vorher von der Schale getrennt wird. Auch eine Folge der günstigen Herstellung von Nahrungsmitteln.

Also – keine Angst vor weißen Broten, wenn Vitamine und Ballaststoffe durch andere Quellen wie Obst und Gemüse zugeführt werden. Für den ein oder anderen mag dies sogar bekömmlicher und angenehmer sein, als sich mit Kleie- oder Vollkornprodukten „den Magen zu verderben".

2.4 Lebensmittel, die den Einzelnen belasten können

Das Gelbe vom Ei – oder auch nicht?

Neben der Kuhmilch sind Eier die häufigste Ursache einer Nahrungsmittelunverträglichkeit. Sowohl das Eiklar als auch der Dotter können bei Menschen Allergien hervorrufen. Diese äußern sich in Magen-Darm-Problemen, Atemwegbeschwerden sowie Haut- und Kreislaufreaktionen. Eibestandteile sind in zahlreichen Nahrungsmitteln versteckt – nicht nur im Ei selbst. So enthalten Fertigprodukte, Backwaren, Soßen oder auch Wurst häufig Bestandteile des Eis.

Wer Symptome an sich wahrnimmt, ausgelöst durch Proteine, die übrigens hitzeresistent sind, also auch beim Kochen und Backen bestehen bleiben, sollte konsequent Eier meiden, auch wenn es sehr bewusstes Auswählen von Speisen, die Ei enthalten, erfordert. Es schadet aber durchaus nicht, sich zeitweilig mit den Bestandteilen der angebotenen Lebensmittel zu beschäftigen, da hierdurch viel aufmerksamer mit Lebensmitteln umgegangen wird. Keine Scheu vor Fragen im Restaurant – sie schützen vor unangenehmen Konsequenzen, die die Freizeit und das Arbeiten im Anschluss an die Mahlzeit erschweren.

Obst, Gemüse und Nüsse mit Nebeneffekt

Bei einigen Obstsorten, wozu bei vielen Menschen Zitrusfrüchte, Kern- und Steinobst gehören, sowie Gemüse wie Paprika oder Gurken sind bei einigen Menschen Unverträglichkeiten zu beobachten.

Auch bestimmte **Nuss-Sorten**, besonders Hasel-, Erd- und Walnüsse, können unangenehme Nachwirkungen mit sich bringen wie Brennen oder Kribbeln im Lippen- und Mundbereich und führen im schlimmsten Falle sogar zu Asthmaanfällen und Kreislauf-Schocks.

Wer so etwas an sich beobachtet, nachdem er Nüsse gegessen hat, sollte diese konsequent vom Speiseplan streichen. Vorsicht ist auch bei Schokolade oder anderen Süßigkeiten geboten, da in den Produktionsanlagen häufig Reste von Nüssen verbleiben und in vermeintlich nussfreien Produkten zu finden sind.

Wer sich konsequent an Zutatenlisten orientiert, wird jedoch vermeiden können, mit Nüssen in Berührung zu kommen. „Kann Spuren von Nüssen enthalten", Nussöl, Nuss-Mus, Nusszubereitung, Krokant oder Marzipan sind eindeutige Hinweise, diese Lebensmittel stehen zu lassen, um keine unangenehmen Folgen zu erleiden.

Wer nach Genuss von **Früchten** feststellt, dass es im Hals kratzt oder die Haut mit Röte oder Ausschlägen reagiert, sollte genau hinsehen, welches Obst künftig gegessen wird. Körpereigenes Histamin kann durch bestimmte Obstsorten freigesetzt werden, beispielsweise durch Erdbeeren, Ananas oder Kiwis. Das Hormon löst dann die Unverträglichkeit aus.

Auch der Fruchtzucker kann zu Folgen wie Bauchschmerzen oder Blähungen führen. Eine Fehlfunktion eines Proteins im Dünndarm bewirkt, dass der Fruchtzucker nicht durch die Dünndarmschleimhaut aufgenommen, sondern an den Dickdarm weitergeleitet wird. Hier kommt es durch Aufspaltung in Säuren, Kohlendioxid und Wasserstoff zu unangenehmen Beschwerden, u. a. auch Übelkeit oder Krämpfen.

Bei Verdacht kann ein Ernährungstagebuch geführt werden, um dem Übeltäter auf die Schliche zu kommen. Eine Umstellung der Ernährung führt meist dazu, dass die Beschwerden komplett wegfallen, wenn die Auslöser gemieden werden. Da nicht alle Obstsorten zu Unverträglichkeiten führen, ist es sinnvoll, diese separat zu essen und zu beobachten, welche davon Beschwerden auslösen. Künftig können in der Regel immer noch genügend Früchte gewählt werden, eben nur nicht, die, deren Verzehr eine Beeinträchtigung des Organismus bedingt.

Was **Gemüse** angeht, so enthalten auch hier einige Sorten Histamin, wie beispielsweise Sauerkraut, Spinat, Tomate, Aubergine und Avocado. Es löst allergische Reaktionen aus und kann zu großem Unwohlsein und heftigen Beschwerden im Verdauungstrakt oder auf der Haut führen.

Wer an sich feststellt, dass allergische Reaktionen von einigen Gemüsesorten hervorgerufen werden, kann sich möglicherweise allein dadurch helfen, dass das Gemüse gekocht wird. Die Rohkost löst bei vielen allergische Reaktionen aus, während das gegarte Produkt keine Auswirkungen hat. Eine Ausnahme bildet der Sellerie – hier ist auch nach dem Kochen das Allergen noch enthalten. Auch in vielen Fertigprodukten ist Sellerie enthalten, beispielsweise in Brühen oder als Würzmittel in Convenience Food.

Auch hier ist wieder Detektivarbeit angesagt, die sich aber bewährt. Ohne das jeweils allergieauslösende Gemüse ist der Speiseplan zwar um das ein oder andere reduziert, kann aber eventuell um Alternativen ergänzt werden. Beispielsweise können alte Gemüsesorten wie die Petersilienwurzel oder die Pastinake ausprobiert oder wiederentdeckt werden. Als Suppe oder Pürees äußerst schmackhaft und bekömmlich. Wer sich durch Beobachtung besser kennenlernt, wird schnell den Genuss mit dem anschließenden Wohlbefinden kombinieren können.

E-Nummern als Warnzeichen...

Was wir heute als besonders wohlschmeckend empfinden, ist häufig schon lange nicht mehr natürlich, sondern durch künstliche Zusätze hervorgerufen. Hierzu zählen u. a. Geschmacks-, Konservierungs- oder auch Farbstoffe. All diese müssen mit einem „E" gekennzeichnet sein, wodurch jeder Zusatzstoff genau definiert ist.

Konservierungsstoffe(E 200 –E 299) wie Sorbin- oder Benzoesäure sind häufig in Kombination eingesetzt, weil sie das Entstehen von Bakterien und Hefen sowie das Wachstum dieser Mikroorganismen in Lebensmitteln hemmen und sie somit haltbarer machen. Zum Beispiel werden Fisch- oder Fischerzeugnisse sowie in Öl bzw. Lake eingelegte Gemüse mit Konservierungsstoffen versetzt. Einige dieser Zusätze stehen unter Verdacht, heftige Beschwerden auslösen zu können, u. a. Hautauschlag oder Atemnot.

Aromastoffe sind konzentrierte Geruchs- und Geschmacksstoffe. Der Geschmack oder Geruch von Lebensmitteln soll verbessert werden, weil diese bei der Zubereitung von Fertigprodukten oder durch den Verarbeitungsprozess und die Konservierung Einbußen erleiden. Neben natürlichen Aromastoffen, wozu z. B. Vanilleextrakt aus der Vanilleschote oder Menthol aus der Pfefferminze zählen, gibt es naturidentische und künstliche Aromastoffe. Es werden mehrere tausend verschiedene Aromastoffe hergestellt, von denen die Lebensmittelindustrie starken Gebrauch macht. Da die Aromen häufig sehr intensiv sind, wird der natürliche Eigengeschmack oft überlagert oder verfremdet. Um zu vermeiden, dass die Produkte mit Aromastoffen geschmacklich zu Favoriten werden und den Vorzug vor natürlich schmeckenden Lebensmitteln erhalten, ist es sinnvoll, auch hier bewusster zu genießen. Denn der verstärkte Geschmack durch die Aromastoffe kann die Sensibilität für natürliche Aromen verändern und zum Verzehr größerer Mengen und damit zu Übergewicht führen.

Farbstoffe (E 100 –E 180) dienen dazu, die durch Verarbeitung von Lebensmitteln entstandenen Farbverluste auszugleichen oder künstliche Einfärbungen herbeizuführen. Die meisten werden synthetisch hergestellt und können Allergiesymptome auf der Haut, in den Atemwegen und im Magen-Darmtrakt auslösen. Besonders in Brausen, Puddingpulvern, Senf, Konfitüren, Fertigprodukten, Kunstspeiseeis, Bonbons oder Margarine sind Farbstoffe, auf die der Organismus allergisch reagieren kann. Daher sollten die verarbeiteten Produkte genau auf Inhaltsstoffe überprüft und eventuell gemieden werden. Naturprodukte mit ihrem Eigenaroma sind in vielen Fällen sowieso weitaus schmackhafter und vielfältiger als ihre künstlichen Brüder und Schwestern.

Antioxidantien (E 300 –E 399, teilweise im 200er Bereich) sollen verhindern, dass in Lebensmitteln vorhandenes Fett durch die Sauerstoffeinwirkung ranzig wird. Auch Farben und Aromen sollen vor der Lufteinwirkung geschützt werden. Bei Kuchenmischungen, Knabbereien, Bratfett und Trockensuppen werden Antioxidantien verstärkt eingesetzt. Auch hier können Hautausschläge verursacht werden, einige Antioxidantien haben im Tierversuch sogar krebsauslösend gewirkt.

Daher sollten möglichst viele Produkte frisch bzw. frisch zubereitet verzehrt werden. Auch hier schadet im Betriebsrestaurant die Frage nach dem Bratfett oder der Herstellung keineswegs.

Geschmacksverstärker sind in fast allen Fertigprodukten enthalten. Besonders das Glutamat, auch als Natriumglutamat bekannt, hat hierzulande unrühmliche Bekanntheit erlangt, nachdem es als Auslöser von Beschwerden im Magen-Darm-Trakt nach Besuch von asiatischen Restaurants geführt hat („Chinarestaurant-Syndrom"). Gliederschmerzen, Juckreiz, taube Zunge, Übelkeit sowie Kopf- und Nackenschmerzen können weitere Begleiterscheinungen von Glutamat sein. Aber auch in natürlichen Lebensmitteln wie verschiedenen Käsesorten, Pilzen und Tomaten ist Glutamat enthalten. Wer also nach dem Besuch eines Asia-Restaurants, bei dem zahlreiche Speisen mit Glutamat zubereitet sind, erste Symptome spürt, sollte auch bei anderen Fertigprodukten und anderen Glutamat enthaltenden Lebensmitteln vorsichtig sein.

Säurungs-, Gelier- und Verdickungsmittel (in vielen Light-Produkten) sowie Trennungs- und Überzugsmittel sind weitere Zusatzstoffe, die zum Teil allergen wirken und keineswegs harmlos sind. Da jedoch der Verbraucher diesen Stoffen nicht komplett aus dem Weg gehen kann, mindern frisch zubereitete Speisen und der Verzicht auf Fertigprodukte in vielen Fällen das Risiko. Wenn einige Stoffe besonders schlecht vertragen werden, sollte genau hingesehen werden, in welchen Produkten diese enthalten sind und durch gesündere bzw. verträglichere Alternativen ersetzt werden. Meist wird dadurch nicht nur das körperliche Wohlbefinden, sondern auch der Genuss um ein Vielfaches erhöht, da die Auswahl der Lebensmittel wieder mehr in Richtung natürlicher, möglichst wenig verarbeiteter Produkte geht.

Iss achtsam

Auftakt: Du isst nicht nur, weil Du Hunger hast

Achtsamkeit – ein Wort, das in unserer Alltags- oder gar Business-Sprache nicht mehr allzu häufig vorkommt. Die meisten verbinden es mit Buddhismus (wo der Begriff Achtsamkeit tatsächlich seine Wurzeln hat) oder gar mit etwas Esoterischem, was im Geschäftsleben meist keinen Raum hat.

Dabei ist es in allen Bereichen des Arbeitslebens von großem Vorteil, Dinge achtsam zu betreiben. Denn es bedeutet konzentriertes und bewusstes Wahrnehmen, was für zahlreiche Prozesse zu besseren Ergebnissen führt.

Derjenige, der sich gegenüber seinen eigenen Bedürfnissen öffnet, wird achtsamer nicht nur mit sich selbst, sondern auch mit anderen Menschen umgehen. Achtsamkeit als ergänzende Verstärkung der eigenen Aufmerksamkeit schützt auch insbesondere vor Fehlentscheidungen und sensibilisiert dafür, Fehlentwicklungen schneller zu erkennen und dadurch korrigierend einwirken zu können.

Achtsamkeit schult den Sinn und die Sinne nicht nur im Hinblick auf die Vermeidung von Unerwünschtem, sondern ebenso in Bezug auf das Erkennen von Erfolgen und die Erreichung von Zielen. Sei dies bei einem selbst oder bei den Mitmenschen.

Wer bewusster bzw. achtsamer agiert, wird auch schnell feststellen, dass es gewisse Dinge gibt, die im Führungsalltag hinderlich bzw. besonders hilfreich sind. Eine solche Haltung wird ermöglichen, sich selbstbestimmter für gewisse Aspekte zu entscheiden oder sie zu hinterfragen und möglicherweise zu verändern. Fremdbestimmung durch Kollegen oder Mitarbeiter kann reduziert werden. Eine bewusste Auseinandersetzung mit Prozessen, Aufgabenstellungen und Anforderungen findet statt. Wer nach eigenen Empfindungen handelt, wird feststellen, dass dies zu bewussteren und damit besseren Entscheidungen führt.

Es geht nicht mehr darum, dass „ich dieses machen muss", sondern „ich mich dazu entscheide, dies zu tun". Oder „es ist auch nicht meine Pflicht", sondern „ich möchte die Verantwortung dafür übernehmen". Dies ist ein enormer Unterschied, der zwar eventuell zu ähnlichen Konsequenzen bzw. Ergebnissen führt, in der eigenen Wahrnehmung jedoch zwei sich diametral gegenüberstehende Pole bildet. Denn bei der einen Handlung „muss", bei der anderen „will" ich etwas tun. Die Entscheidungsfreiheit liegt also bei Ersterem bei den anderen, bei Zweitgenanntem ganz allein bei mir selbst.

Die Konzentration und Wahrnehmung der eigenen Person, ihrer Handlungen sowie der Bedürfnisse und Begrenzungen wird immer wichtiger, je höher eine Führungskraft in der Hierarchie aufsteigt. Immer mehr äußere Einflüsse und Aufgaben kommen hinzu, die alle bewältigt werden müssen. Was jedoch Priorität erfährt und welche Faktoren eliminiert werden müssen, sollte nicht aus der Hand gegeben werden. Wer sich von Terminkalender, Umständen oder Forderungen zu sehr dominieren lässt, wird sehr schnell merken, dass möglicherweise andere mehr Einfluss auf die eigenen Ressourcen nehmen als man selbst.

Dies gilt es zu vermeiden – durch größere Achtsamkeit sowie mehr Aufmerksamkeit für die inneren und äußeren Antreiber bzw. Automatismen, die sich in den Führungsalltag eingeschlichen haben. Wer diese erkennt und künftig steuert, wird mit seinem Leben sowohl im geschäftlichen als auch privaten Umfeld viel zufriedener sein und sich nicht getrieben fühlen.

Nach diesem kurzen Exkurs zu allgemeinen Ausführungen zum Thema Achtsamkeit im Führungsgeschehen, wollen wir diese Thesen auch auf die Ernährung anwenden. Hier gilt das Prinzip der Achtsamkeit mindestens ebenso stark und macht eine Selbstregulation auch in diesem Bereich möglich, was zu einer wesentlichen Steigerung des Wohlbefindens führen wird.

3.1 Auf sein eigenes Gefühl achten

Nicht selten essen Führungskräfte beispielsweise bei Geschäftsessen etwas, obwohl sie gar keinen Hunger haben oder zumindest keinen Appetit auf das, was angeboten wird. Oder sie versäumen Mahlzeiten, weil schlicht und ergreifend die Zeit fehlt. Beides ist eher kontraproduktiv und führt zu Unwohlsein, das selten bemerkt, hin und wieder aber auch bewusst in Kauf genommen wird.

Wer sich aber über mehrere Jahre oder gar Jahrzehnte in einer Führungsposition befindet, wird auf Dauer spüren, dass es sich nicht auszahlt, nicht auf den eigenen Körper zu hören und seine Bedürfnisse zu übergehen. Er bildet die Grundlage all unseres Schaffens und Arbeitens. Wenn der Organismus nicht funktioniert oder Aussetzer hat, wird sich dies schnell auf Leistung und Arbeitsqualität auswirken, auch wenn wir uns noch so sehr sagen, dass wir mit Disziplin und Selbstbeherrschung alles erreichen können.

Es macht das Arbeiten viel angenehmer und leichter, wenn wir bewusst darauf achten, welche Bedürfnisse und welches Bauchgefühl gerade vorherrschend sind. Knurrt der Magen oder fehlt es an Konzentrationsfähigkeit? Fallen mir Prozesse leicht oder bin ich fortwährend abgelenkt durch ein körperliches Defizit?

Wer es sich erlaubt, auf solche Signale zu achten, wird künftig nicht mehr Raubbau an seinem Körper betreiben. Dieser dankt es mit größerem Leistungsvermögen und mehr Spaß an den zu erledigenden Aufgaben.

Business Dinner oder Lunch – muss das sein?

Es ist heutzutage immer noch Usus, sich mit seinen Geschäftspartnern, Kollegen oder Kunden zu einem Essenstermin zu verabreden. Wer das mag, soll dabei bleiben und dies auch weiterhin tun. Es gibt jedoch viele Führungskräfte, für die das Verhandeln oder Besprechen mit der gleichzeitigen Nahrungsaufnahme eher unangenehm ist. Das Essen wird später auch schwer im Magen liegen, weil es eher unbewusst und eventuell viel zu hastig zu sich genommen wurde.

Doch wer legt eigentlich fest, dass diese Gewohnheit beibehalten werden muss? Wer sich unwohl dabei fühlt, wenn er während eines geschäftlichen Treffens unbedingt einen Lunch oder ein Dinner einnehmen muss, der kann Alternativen vorschlagen. Beispielsweise kann ein intensives und mit persönlichem Anklang geführtes Gespräch auch während einer Besprechung bei einer vorbereiteten Coffee oder Tea Time erfolgen. Hierbei ist nicht der übliche Tee aus dem Beutel oder der Kaffee aus der Thermoskanne gemeint, denn es geht auch stilvoller, so dass ein Gesprächspartner sich wertgeschätzt und gut umsorgt fühlt.

Statt des Essens wird in angenehmer, gepflegter Atmosphäre ein loser Tee aufgegossen und serviert, der eventuell von kleinen Häppchen begleitet wird. Mag der Gast keinen Tee, so kann ebenso gut eine Kaffeespezialität oder ein frisch gepresster Saft angeboten werden. Es kommt darauf an, dass sich die Gesprächsatmosphäre ein wenig von den üblichen Kantinen- und Schreibtischgesprächen unterscheidet und damit exklusiver wird.

Will man einfach nur den Tee genießen, so reicht dieser als Begleitung für eine gute Unterhaltung aus. Wer die gereichten Kleinigkeiten kosten möchte, kann dies tun. Es besteht jedoch keine Verpflichtung, sich zu bedienen. Ganz anders als im Restaurant, wo es tatsächlich nicht besonders gut ankommt, wenn sechs Leute essen und sich ein Beteiligter mit einem Glas Wasser begnügt und auf die Mahlzeit komplett verzichtet.

Im Rahmen einer erweiterten Kaffee- oder Teestunde ist es nun auch kein Zwang, etwas zu essen, wenn man dies nicht möchte. Das Essen kann dann in Ruhe vor oder nach dem geschäftlichen Treffen erfolgen. Außerdem ist für Tee eigentlich immer der richtige Zeitpunkt – ob man zu einem vormittäglichen Treffen, am Nachmittag oder nach dem Abendessen noch zu geschäftlichen Terminen verabredet ist.

Wer sich also schon einmal davon freimacht, seine wichtigen Besprechungen möglichst bei einem Essen führen zu müssen, hat schon einen großen Schritt getan. Wie gesagt – wem es nichts ausmacht, sich während des Essens über wesentliche und eventuell auch unangenehme Themen zu unterhalten, dem sei dies natürlich völlig freigestellt, seine Geschäftsfreunde auch weiterhin zum Essen auszuführen oder sich einladen zu lassen. Das Geschäftsessen bildet eben nur nicht für jede Führungskraft die richtige Plattform für Gespräche. Die Entscheidung für oder gegen ein Geschäftsessen liegt bei jedem selbst.

Hat man jedoch für sich entdeckt, dass es viel mehr Freude macht, sich erst nach einem Besprechungstermin oder einer Verhandlung dem Essen zu widmen, so ist es jeder Führungspersönlichkeit vorbehalten, von einem Geschäftsessen abzusehen. Das Bauchgefühl wird es danken, wenn die Mahlzeit in Ruhe und eventuell in angenehmerer Gesellschaft bzw. für sich eingenommen wird.

Hungergefühle übergehen

Genauso schlecht, wie ein Essen während eines Geschäftstermins einnehmen zu müssen, ohne es zu wollen, ist das Überspringen von Mahlzeiten. Leider hat es sich unter Führungskräften eingebürgert, möglichst nahtlos von einer Sitzung in die nächste zu gehen oder Termine ohne Pause wahrzunehmen. Dies ist jedoch auch eine Frage der Organisation bzw. der Selbstbestimmung.

Wer wird den Tagesrhythmus am ehesten nach den eigenen Bedürfnissen gestalten, wenn nicht wir selbst? Normalerweise wird jeder Mitarbeiter, Kunde oder Partner die Möglichkeit nutzen, einen Gesprächstermin zu erlangen oder einen kurzfristigen Termin zu machen. Doch dies ist oftmals nicht im Sinne der Führungskraft, sondern von anderen auferlegt oder vermeintlich gar Pflicht.

In solchen Situationen kommt die kurze Entspannung oder Pause zu kurz. Wir sollten uns fragen, ob es wirklich produktiv ist, sich mehr als zehn Stunden am Stück auf andere Menschen bzw. zu erledigende Dinge zu konzentrieren. Oder sind die Ergebnisse – zumindest nach einigen durchgearbeiteten Stunden – eher fragwürdig. In Phasen der Überbeanspruchung wird die Führungskraft dem Gesprächspartner und dem Mitarbeiter, der mit seinem Anliegen in die Chefetage kommt, nicht wirklich gerecht.

Der eigene Zeitplan ist oft eng, aber der Tag hat eben nur 24 h, egal wie wir es drehen und wenden. Diese Zeit sollte effektiv und zugleich bewusst genutzt werden. Hier trägt eine bessere Prioritätensetzung und selbstbestimmtes Entscheiden in vielen Fällen dazu bei, die Aufgaben besser zu bewältigen. Eventuell durch eine neue Organisation, optimierte Ablaufgestaltung oder Delegieren von Aufgaben an Mitarbeiter.

Wichtig ist das bewusste Einplanen kleiner Pausen im Terminkalender. Zur Not können diese Pausenzeiten auch verkürzt oder sogar verschoben werden, aber solange man diesen kleinen Phasen der Entspannung Raum gibt, werden sie zumindest an den meisten Arbeitstagen die Regel werden. Nicht immer, aber immer öfter.

Natürlich gibt es Ausnahmesituationen, die keinen Aufschub dulden, doch hier sollte genau unterschieden werden, ob es tatsächlich aus eigener Sichtweise von größter Bedeutung und entsprechender Tragweite ist, sich hierauf sofort zu konzentrieren, oder ob die Stufe der Dringlichkeit von anderen festgelegt wurde (und eventuell in den eigenen Augen nicht unbedingt zu augenblicklicher Maßnahmenergreifung führen muss).

Wer sich künftig mehr und achtsamer auf sich und sein Umfeld konzentriert, wird Prioritäten anders setzen lernen. Dies kann für Mitarbeiter oder Kunden zunächst einmal befremdlich wirken und eine Umstellung bedeuten, aber durch das selbstbestimmte Einteilen ihrer Zeit und das Richten des Augenmerks auch auf eigene Bedürfnisse, wird die Führungskraft mehr Erfolg haben und sich besser fühlen.

3.2 Langeweile

Auch wenn dies bei Führungskräften eigentlich nicht so sein sollte – auch hier gibt es Momente und Aufgaben, die zu Langeweile führen. Bedingt durch Routineprozesse oder unleidliche Aufgaben, denen man sich nur ungern widmet, kann dieses Gefühl hervorgerufen werden. Oder auch Wartezeiten an Flughäfen oder in Verkehrsmitteln, wo kein konzentriertes Arbeiten oder Lesen möglich ist.

Gelegentlich gibt es auch Phasen in Meetings, die sich ziehen, oder Gespräche, die Anwesenheit erfordern, ohne dass aktives Eingreifen vonnöten wäre. Auch das Repräsentieren bei Einweihungen, Kundenveranstaltungen oder Jubiläen können Anlässe sein, die nicht immer nur erfreuen, sondern eher zu routinierten Aufgaben gehören, denen manchmal nicht mit Spaß begegnet wird.

Langeweile ist übrigens für viele Führungskräfte ein größerer Stressfaktor als andauernde Überforderung. Dass das **„Boreout-Syndrom"** seit einigen Jahren auch bei Führungskräften um sich greift, zeigt beispielsweise die Untersuchung eines Internet-Jobvermittlers. Eine Umfrage des Online-Stellenportals Step Stone Deutschland AG aus dem Jahr 2009 bestätigte bei Befragung von 5500 Fach- und Führungskräften diese These: Mit 39 % fühlen sich nahezu vier von zehn Managern bei der Arbeit unterfordert.

Wer sich nicht mehr mit seiner Führungsaufgabe identifiziert, ist häufig resigniert und fühlt sich durch die unbefriedigende Tätigkeit ausgelaugt. Damit wird nur ein Bruchteil dessen geleistet, was eigentlich möglich wäre. Das führt zu einem verminderten Selbstwertgefühl und ist auch für die Unternehmensziele nicht förderlich.

Wie sich das Ganze auf das Essverhalten auswirkt, spüren wir häufig an uns selbst. Wenn das **Meeting** nicht interessiert, werden Keksen, Sandwiches oder anderen Süßigkeiten oftmals mehr Bedeutung zugemessen, als sie üblicherweise erfahren würden. Das Ergebnis: Ohne hungrig zu sein, wird noch ein Stück Kuchen verzehrt, obwohl das Mittagessen gerade hinter uns liegt.

Auch bei **Aufgaben, die uns nicht besonders liegen,** wird möglicherweise zur Ablenkung erst einmal ein Schokoriegel verzehrt. Dies macht den Arbeitsprozess zwar nicht einfacher, zögert ihn jedoch ein wenig heraus. Wer die Situation kennt, dass der Flieger beim abendlichen Feierabendverkehr Verspätung hat, wird schon die Versuchung erlebt haben, dass zu einem Würstchen oder belegten Brötchen gegriffen wird, ohne dass Appetit besteht.

All diese eher unbewussten Handlungen führen zu übermäßigem Konsum von Nahrungsmitteln, die dem Körper oft nicht guttun. Hier ist es besser, einen Moment innezuhalten und sich zu fragen, ob der wirkliche Anlass für den Verzehr eines Snacks tatsächlich Hunger ist oder eher ein (nicht besonders geglücktes) Ablenkungsmanövers.

Die **Ursachen für das Essen aus Langeweile** zu ergründen und zu beseitigen, ist wieder ein bewusster Prozess, den Führungskräfte anstoßen sollten, um sich künftig nicht mehr von Versuchungen leiten zu lassen, die später bereut werden. In manchen Fällen ist das sehr einfach.

Beispielsweise während der Wartezeiten an Flughäfen, Bahnhöfen oder bei langen und anstrengenden Autofahrten. Hier kann im Vorfeld für gute Unterhaltung gesorgt werden, indem ein spannendes (Hör-) Buch bzw. interessante Artikel, die schon lange gelesen oder als Audiodatei gehört sein wollen, zur Hand sind oder ein möglicherweise vielversprechendes Gespräch mit einem Mitreisenden begonnen wird.

Auch bei unangenehmen Aufgaben macht es mehr Sinn, sich eventuell kurz am offenen Fenster mit einem Sauerstoff-Flash zu erfrischen oder bei Konzentrationsschwierigkeiten kurz zurückzulehnen und bei geschlossenen Augen positive Bilder vorbeiziehen zu lassen, die wieder inspirieren.

3.2 Langeweile

Sollte die Konzentration tatsächlich auf kurzfristigen Nährstoffmangel zurückzuführen sein, so kann ein Apfel oder eine Handvoll Studentenfutter oft mehr und langfristigere Befriedigung verschaffen, als ein Päckchen Pralinen. Wer aber auch einmal Lust auf Schokolade oder Gummibärchen hat, der kann auch dazu einmal greifen. Es sollte nur nicht allzu oft und im Übermaß sein. Aber bewusst genossen kann dies ein kleines freudiges Erlebnis darstellen, das wieder zu mehr Arbeitslust und Energie führt.

Schwieriger wird es hingegen, wenn die Führungsaufgabe als langweilig oder unterfordernd empfunden wird. Hierbei sind die Ursachen oft vielfältig und nicht so leicht greifbar. Oft reichen die Gründe für die heutige Situation auch weit in die Vergangenheit zurück, so dass erst eine gründliche Recherche zu Klarheit führt.

Doch diese Aufklärung ist durchaus sinnvoll und sogar elementar für die künftige Verbesserung der Führungsaufgabe. Wer sich auf Dauer mit seinen Aufgaben unwohl fühlt oder keinen Leistungsanspruch empfindet, wird unzufrieden werden. Und diese Unzufriedenheit äußert sich nicht selten in Ersatzbefriedigungen wie Essen.

Wer an sich selbst häufig beobachtet, dass ohne Hunger gegessen wird – gerade während der Zeit am Schreibtisch oder auf dem Weg zum nächsten Geschäftstermin – sollte den Ursachen auf den Grund gehen. Habe ich eventuell überhaupt keine Lust auf die zu erledigende Aufgabe? Ist es mir unangenehm, ständig in der Weltgeschichte unterwegs zu sein? Und habe ich eventuell sehr häufig gar kein Interesse, mich mit Geschäftspartnern oder Kunden zu treffen?

Auch wenn das Essverhalten nur ein Symptom der Unzufriedenheit ist, so ist es doch ein deutliches Signal, sich mit den versteckten Warnungen zu beschäftigen. Nur durch Bewusstmachung können wir dieses Problem lösen.

Einige wenige Fragen können dabei helfen, sich über die Gründe für die überflüssige Nahrungsaufnahme klar zu werden:

- War mir heute langweilig?
- In welcher Situation und warum kam Langeweile auf?
- Habe ich dann etwas gegessen?
- War es wirklich Hunger?
- Welche Alternativen zum Essen habe ich, um mich nicht mehr zu langweilen?
- Würde ich mich besser fühlen, wenn ich nicht gegessen, sondern etwas anderes getan hätte?

Wer sich intensiv mit diesen Fragen auseinandersetzt, kann für die Zukunft vorbauen. Nur mit der bewussten Beschäftigung mit diesem Problem kann es auch gelöst werden. Wer hierbei Hilfe braucht, kann sich auch mit Personen in ähnlicher

Situation beschäftigen oder mit einem Coach oder Spezialisten dazu auseinandersetzen. Oft liegt kein ursächlicher Grund bei der Ernährung, sondern eher bei den tieferliegenden Faktoren. Diese auszumerzen, macht den Führungsalltag weitaus angenehmer und im Idealfall sogar äußerst befriedigend.

3.3 Stress

Ein ebenfalls häufig zu beobachtender Faktor, mit dem sich Führungskräfte herumschlagen, ist der andauernde Stress, dem sie sich aussetzen. Dieser hat große Auswirkungen auf Essverhalten und Verdauung und sollte längerfristig möglichst in Grenzen gehalten werden. Er führt zu erheblichen Beeinträchtigungen und Gewichtsschwankungen, die hormonell bedingt sein können.

Bekanntermaßen kann das Verdauungssystem die Speisen nur in Ruhe optimal verwerten. Daher ist es so wichtig, vor dem Essen möglichst ein paar Minuten zu entspannen oder wenigstens in seiner Arbeit innezuhalten. Auch während des Essens ist das Besprechen von Problemen oder komplizierten Sachverhalten nicht förderlich. Auf das Essen sollte man sich konzentrieren und es muss in diesem Moment die Hauptsache sein.

Was passiert nun, wenn unter Stressbedingungen gegessen wird? In einer solchen Situation aktiviert die Stressreaktion insbesondere den **Leistungsnerv**, um die „Gefahr" abzuwehren. Im Zusammenspiel mit diesem Nerv wird ein Hormon aktiviert, das die Magenbewegung sowie die Funktion des Dünndarms beeinflusst. Der Dickdarm hingegen wird besonders angetrieben, warum viele Menschen in solchen Stresssituationen mit Durchfall reagieren bzw. „Schiss haben", was in direktem wie auch übertragenem Sinn stimmt.

Dass etwas „auf den Magen schlägt" ist ebenfalls eine typische Reaktion auf unangenehme Situationen. Befragt man Mitarbeiter von Firmen, welche gesundheitlichen Probleme bei ihnen auftreten, wenn sie sich im Job unter Druck fühlen, stehen die Verdauungsbeschwerden an erster Stelle.

Zahlreiche Führungskräfte legen gewichtsmäßig zu. Dieser Effekt wird häufig auf die vielen Geschäftsessen oder die mangelnde Bewegung zurückgeführt. Das ist sicherlich teilweise richtig, aber nicht die ganze Wahrheit. In den meisten Fällen hängt die Gewichtszunahme insbesondere mit dem Stress zusammen. Zahlreiche Hormone, die unter Stress ausgeschüttet werden, haben eine Auswirkung auf den Organismus. Welche Prozesse diese auslösen können, ist den meisten nicht bewusst, obwohl die Konsequenzen verheerend sein können.

Wirkung von Hormonen bei Dauerstress

Bei akutem Stress werden bekanntermaßen die Hormone Adrenalin und Noradrenalin ausgeschüttet. Etwa 30 min nach jeder Stress-Situation wird das Hormon **Cortisol** ausgeschüttet, um die Folgen des akuten Stresses wieder auszugleichen. Dauerstress hat die Folge, dass im Blut das Stresshormon Cortisol sehr stark angereichert ist und zu einem hohen Hormonspiegel führt. Fettzellen im Bauchraum können dieses überschüssige Cortisol sehr gut binden, so dass das Bauchfett anwächst. Dieses ist übrigens wesentlich gefährlicher als das Fettgewebe in unserer Haut, welches vergleichsweise harmlos ist.

Das Bauchfett allerdings lagert sich zwischen den Organen wie beispielsweise um Leber, Nieren oder den Verdauungstrakt an. Die Stresshormone beeinflussen also dieses Bauchfett und damit den Stoffwechsel durch diese langanhaltenden, belastenden Lebenssituationen. Dadurch werden zahlreiche Stoffwechselvorgänge negativ beeinflusst, da sie durch den Dauerstress gestört werden.

U. a. wird, wenn der Mensch mehr leisten will oder muss, mehr Cortisol von den Nebennieren hergestellt und fördert damit die Produktion von Zucker im Körper. Der Zucker als Energiequelle für Muskulatur und Gehirn sorgt in diesem Moment für besondere Leistungsfähigkeit. Ist jedoch durch diese Ausschüttung zu viel Zucker im Blut, wird auch das **Hormon Insulin**, das überschüssigen Zucker aus dem Blut in die Körperdepots transportiert, ausgeschüttet.

Bei Flucht und Kampf ist diese Reaktion jedoch unerwünscht, so dass der Zucker durch die Wirkung von Stresshormonen im Blut verbleibt, um Muskulatur- und Gehirnleistung aufrechtzuerhalten. Dies wiederum erhöht nochmals die Insulinausschüttung, da immer noch zu viel Zucker im Blut ist. Wer also unter Dauerstress leidet, wird seine Bauchspeicheldrüse dazu veranlassen, immer mehr Insulin zu produzieren, weil der Blutzucker anhaltend hoch ist. Der negative Effekt: Insulinresistenz mit Folgen wie Diabetes, erhöhtem Blutdruck oder Gefäßverkalkung. Eine dauerhafte Erhöhung des Insulinspiegels im Blut kann bei einigen Menschen das Risiko der unerwünschten Gewichtszunahme erhöhen.

In den Fettzellen wird ein weiteres stoffwechselwirksames **Hormon, das Leptin**, gebildet. Es hemmt Hungergefühle und Appetit. Stresshormone beeinträchtigen jedoch die Wirkung des Leptins, so dass der Appetit gesteigert wird. Dies erklärt auch, warum im Stresszustand größere Energiemengen verzehrt werden. Zumeist Lebensmittel mit hohem Zuckergehalt, um die Energiezufuhr für Muskeln und Gehirn zu erhöhen. Schokolade und Süßigkeiten erscheinen oft als passende Lösung für den Organismus, so dass diese während einer Stressphase verstärkt konsumiert werden.

Weil Stress also durch das Zusammenspiel zahlreicher Hormone zu Gewichtszunahme, Verdauungsproblemen oder gar Gefäßverkalkungen führen kann, sollten Führungskräfte an dieser Stellschraube drehen. Nur, wenn Stress vermindert oder auf Dauer möglichst ganz verhindert wird, kann auch der Körper wieder zufriedenstellend arbeiten.

Hierbei sind insbesondere Sorgen und Nöte als stressauslösende Faktoren zu beobachten. Ist es die Angst vor Misserfolg? Oder sind daraus resultierende Folgen wie Degradierung oder gar Verlust der Führungsposition, Einsamkeit oder Überlastung die Ursache für Stress? Wenn hier ein Stück weit mehr Klarheit herrscht, können die Folgen von Stress eingegrenzt und eventuell sogar beseitigt werden. Nur dann kann eine Führungsposition dauerhaft mit Erfolg arbeiten und auch Spaß an der Tätigkeit haben.

Das soll nicht bedeuten, dass Stress generell vermieden werden soll. Natürlich gibt es Situationen, in denen die „Alarmreaktion" des Körpers auch sinnvoll und nützlich sein kann. Wird beispielsweise aufgrund eines kurzfristig aufgetretenen Problems eine prompte Lösung gesucht, so tritt häufig eine Stressreaktion ein. Diese führt oft zu einer besonderen Hirnleistung, da wenig genutzte Bahnen während dieser Phase zu breiteren Bahnungen ausgebaut werden. Durch diesen positiven „Eu-" Stress ist der Mensch zu Höchstleistungen fähig.

Wichtig ist hierbei jedoch, dass nach der Alarmphase auch wieder Entspannung einsetzt, so dass mit der gefundenen Lösung auch gleichzeitig der Körper wieder „gelöst" wird. In diesem Moment ist die Stressreaktion sinnvoll und hilfreich gewesen. Sie sollte sich nur nicht zu einem Dauerzustand auswachsen, der mit den erläuterten gesundheitlichen Problemen einhergehen kann.

Teil II
WAS Leader essen

In Büchern, Ernährungsratgebern sowie Zeitschriften, Fernsehen und Internet kursieren zum Thema Ernährung und „was man essen sollte" so viele Meinungen, wie es Ärzte, Berater und Halbwissende gibt. Der wahre Dschungel an Informationen und der Zugriff auf Unmengen an Material sind jedoch meist nicht besonders förderlich, da diese eher zu Verwirrung als zur Klärung von Problemen führt.

Die wichtigste Empfehlung ist daher, sich der Thematik mit gesundem Menschenverstand zu nähern. Wenn es um ausgewogene Ernährung oder um Gewichtsreduktion geht, wirken die Ratschläge zum Teil aufwühlend oder gar abstrus. Es ist aber keineswegs zielführend, sich von den oft selbsternannten Experten Angst oder von den verschiedensten Richtungen der Ernährungsspezialisten konfus machen zu lassen.

Einzig und allein das eigene Wohlbefinden und die Auswahl der Speisen nach individuellen Kriterien führen auf den richtigen Weg, um gut und gesund zu leben. Dazu gehört die Beobachtung und manchmal – wenn sich schon einige Beschwerden durch unangemessene Ernährung eingeschlichen haben – auch das Probieren und Weglassen gewisser Nahrungsmittel. Durch Ausschlussverfahren und das Erleben der Wirkung von Lebensmitteln können dann die für die eigene Person passenden Speisen, Tageszeiten und Mengen gefunden werden, die zu mehr Lebensqualität und Leistung führen.

An erste Stelle gehört hierbei natürlich die Einsicht, dass Ernährung ein nicht zu unterschätzender Faktor im privaten Leben und Führungsalltag ist. Die Bereitschaft, sich auf das Experiment der genussreichen, achtsamen und bekömmlichen Ernährung einzulassen, ist unabdingbare Voraussetzung. Dafür muss ein wenig Zeit und Lust vorhanden sein, um dann die Früchte seiner Erkenntnisse zu ernten. Es macht den meisten Menschen sogar Spaß, wenn sie erst einmal beginnen, sich mit ihrer Ernährung und damit auch sich selbst auseinanderzusetzen und den positiven Effekt zu spüren.

Dies kann relativ schnell geschehen, da hierzu keine langwierigen Ausführungen oder Studien notwendig sind, sondern allein die Beobachtung des eigenen Körpers und seiner Signale genügen. Sensibilität zu entwickeln, ist am Anfang nicht ganz leicht und für die meisten ungewohnt. Essen ist auch ein Thema, das normalerweise als „selbstverständlich" angenommen wird. Das ist ein Trugschluss. Spätestens, wenn das Bauchgefühl nach bestimmten Lebensmitteln bzw. nach dem Vergessen einer Mahlzeit nicht stimmt, ist kurzes Innehalten angesagt.

Einfache Fragen wie „Gab es heute überhaupt etwas zu essen?", „Was habe ich heute eigentlich gegessen?" und „Wie fühlte ich mich nach den (weggelassenen) Mahlzeiten?" bringen uns auf die Spur zu einer individuell passenden Ernährungsweise.

Dazu gehören sicherlich auch einige grundlegende Tipps, die jedoch weder dogmatisch sein sollen oder einschränken noch zwangsläufig den Gang in Reformhäuser oder den Rückgriff auf Spezialversender erfordern. Ein offenes Auge für das Angebot im eigenen Umfeld ist sinnvoll, und das Nutzen der Vielfalt in seiner Region sollte primär in Augenschein genommen werden. Damit findet man leicht und ohne sonderliche Anstrengung genau die richtigen Lebensmittel, die uns und eventuell damit auch den örtlichen Anbietern und der Umwelt gut tun.

Iss vielseitig

Auftakt: Nicht „weniger", sondern „mehr" ist mehr

In vielen Fällen fühlen sich Führungskräfte mit ihrem Essverhalten nicht wohl und damit auch mit ihrem Körper nicht im Reinen. Auswahl der Speisen, Mengen und auch die Essenszeiten sind oft nicht optimal auf ihre eigene Person abgestimmt. Das führt bei vielen zu Gewichtszunahme oder auch schlicht und ergreifend einem Unwohlsein, das sich nicht nur manchmal, sondern bisweilen dauerhaft einstellt.

In solchen Fällen wird gerne zur erstbesten Lösung gegriffen bzw. der einfache Weg gewählt, den Empfehlungen eines oft einseitigen Ernährungsratgebers zu folgen. Der eine empfiehlt, die Kohlenhydrate zu sparen, der nächste sieht Fett als großen Feind und der dritte schwört auf die unschlagbare Zusammensetzung bestimmter Nährstoffgruppen, die zum Erfolg führen sollen. Mittlerweile kursieren auch äußerst skurrile Diäten oder Vorschläge zur Ernährung, die entweder völlig aus der Luft gegriffen sind oder sich als wenig praktikabel erweisen.

Geschuldet ist das der Tatsache, dass viele Menschen ein Problem mit der Ernährung haben und nach Lösungen suchen. Dieser Bedarf wird vom Markt erkannt und daher werden immer wieder neue „Säue durchs Dorf" getrieben, um vermeintlich revolutionäre Erkenntnisse zu präsentieren und weitere Ansätze ins Feld zu führen, die sich von den bislang existierenden Ratgebern unterscheiden. Klar ist jedoch – es gibt kein Allheilmittel, das für alle passt.

Der eine mag tatsächlich positiv darauf reagieren, wenn er sich bei üppigen Speisen zurückhält, weil sein Leber-Galle-System durch zahlreiche „Exzesse" während der Geschäftsessen eventuell überfordert ist und die Fettverdauung aus dem Ruder geraten ist. Der andere fühlt sich eventuell wohl, wenn er eine Zeitlang die Kartoffeln oder das Brot zu Salaten, Gemüsespeisen oder Fleisch und Fisch weglässt. Aber dies können keine allgemeingültigen Ansätze sein, die für alle gelten.

Das Weglassen und die Reduzierung seiner Nahrungsauswahl auf wenige Lebensmittel bzw. Nährstoffgruppen sind oft sogar hinderlich für die Gewichtsabnahme und in einigen Fällen schädlich. Gerade bei Diäten gilt es, genau hinzuschauen und gesunden Menschenverstand walten zu lassen.

Selbst derjenige, der sich mit seiner Ernährung noch nie intensiv auseinandergesetzt hat, wird zu Recht befremdet wirken, wenn ein Ratgeber eine wochenlange Beschränkung bzw. Konzentration auf Kohlsuppe, Ananas oder Eier im Übermaß empfiehlt. Es gilt eher, eine größere Auswahl von Nahrungsmitteln auszuprobieren, vielfältig zu essen und zu sehen, was guttut. Denn der Mensch ist vom Organismus her ein „Alles-Esser", der viele verschiedene Speisen gut verarbeiten kann.

Es hängt allerdings sehr viel vom Ort ab, an dem wir leben. Beispielsweise, welche Produkte tatsächlich frisch und unverarbeitet erhältlich sind, welche Ernährungstraditionen herrschen oder wie Klima und Witterungsbedingungen sich auf den Körper auswirken. So ist es in kalten Regionen nahezu logisch, dass wärmende, gehaltvolle Mahlzeiten eher zum Speiseplan gehören als in tropischen Regionen, wo häufig der Appetit auf erfrischende Nahrungsmittel besteht.

Auch die Tatsache, dass in nördlichen Regionen schon seit Jahrhunderten die Milchtradition eher gelebt wird als im Süden, kann erklären, warum viele Mittelmeer-Europäer oder Asiaten mit Laktose-Intoleranz zu kämpfen haben. Es gehörte bislang einfach nicht zu ihrem normalen Speisenangebot dazu und wurde erst durch die Globalisierung oder weltweite Trends zum Bestandteil der Supermarktregale. Was aber noch lange nicht heißt, dass es für die Menschen dort gut sein muss.

Dementsprechend ist also klar, dass gewisse Lebensmittel eventuell nicht geeignet sind, um sie aus ihrer natürlichen Entstehungslandschaft zu verpflanzen oder deren „Früchte" zu exportieren. Dennoch gibt es – gerade hierzulande – eine große Auswahl an unterschiedlichsten Nahrungsmitteln, aus deren bunter Palette wir auswählen können. Und das ist gut so!

Eigentlich war es noch nie so leicht, an die für uns passenden Lebensmittel zu kommen, ohne dafür kämpfen oder sie uns auf komplizierten Wegen aneignen zu müssen. Wir dürfen uns nur nicht von unterschiedlichsten Theorien verwirren lassen und stattdessen eher ausprobieren bzw. beobachten, was uns aus dem großen Angebot guttut. Die Vielseitigkeit ist ein großer Luxus und Vorteil, wenn wir uns individuell ernähren wollen. Das Beschränken auf wenige Produkte oder bestimmte Lebensmittelgruppen ist meist kontraproduktiv, da der Körper zahlreiche Nährstoffe benötigt, die bei einer größeren Vielfalt und Auswahl leichter aufzunehmen sind.

Also – sorgenfrei und mit Neugier seinen Speiseplan zu gestalten, bringt Spaß und ein besseres Körpergefühl. Nur so findet jede Führungskraft einen Weg, um für sich selbst den richtigen Weg und die jeweils besten Nahrungsmittel zu finden, um motiviert und leistungsstark zu agieren.

4.1 Immer dasselbe ist langweilig

Es ist eigentlich logisch, dass alles, was eintönig oder einseitig ist, uns langweilt oder sogar schädlich ist. Das gilt für fast alle Bereiche des Lebens. Gerade im Führungsalltag ist die Arbeit von zahlreichen unterschiedlichen Tätigkeiten und Anforderungen geprägt, auf die eingegangen werden muss. Dies ist jedoch auch meist bereichernd und gibt neue Impulse.

Genauso ist es beim Essen: Einseitige Ernährung ist auf Dauer nicht gesund, und eintönige Speisen befriedigen weder Körper noch Seele. Was uns also der gesunde Menschenverstand sagt, muss nur noch in die Realität umgesetzt werden. Daran hapert es häufig. Natürlich müssen Mahlzeiten oft schnell gehen und praktisch sein. Das schließt eine abwechslungsreiche Ernährung jedoch keineswegs aus, wenn man sich ein paar Gedanken macht, wie diese aussehen könnte.

Um Mangelerscheinungen und sogar ernsthaften Erkrankungen vorzubeugen, ist die Auswahl der Speisen von entscheidender Bedeutung. Wer **morgens** bestimmte Rituale braucht, um in die Gänge zu kommen – auch wenn das vermeintlich „ungesunde" Nutella-Brot dazugehört – der sollte sich davon nicht abbringen lassen. Dieses Frühstück ist mehr als nur Nahrungsaufnahme. Vielmehr sind Wohlbehagen oder die Freude an diesem kleinen Morgen-Ritual hier entscheidend.

Spätestens im Laufe des **Vormittags** treten jedoch meist wieder Hungergefühle oder Energieverlust auf, so dass hier bereits vorgesorgt werden kann. Schokolade und Gummibärchen sollten hier vermieden werden, aber eine Handvoll Studentenfutter oder ein paar frische Beeren, die von zu Hause mitgenommen wurden, fördern gute Laune (und zugleich Verdauung). Gerade bei den Früchten kann je nach Tagesangebot oder Saison vielseitig variiert werden, was neben dem Energieschub für Vitamine und den Frischekick sorgt.

Mittags ist für die meisten Führungskräfte ein Lunch angesagt, das zur augenblicklichen Arbeitssituation passt. Bei Meetings und Tagungen gibt es häufig Buffets, das Geschäftsessen findet bei einem Menü im Restaurant statt und auch der Verbleib am Schreibtisch während der Büro-Tage ist keine Ausnahme. Hier ist es in allen Fällen wichtig, auf seinen Körper zu hören. Wonach verlangt der Organismus und muss entsprechend zufriedengestellt werden? Die gewählten Mahlzeiten hängen u. a. mit anstrengenden sportlichen Aktivitäten am Vortag, mit Schlafmangel aufgrund einer späten Abendveranstaltung oder einfach auch mit der Wetterlage zusammen.

Hier sollte entsprechend variiert werden, um den momentanen Bedürfnissen gerecht zu werden. Wer sich ausgelaugt und schlapp fühlt, tut gut daran, sich mit belebenden Speisen wie einem Salat mit scharfen Radieschen, Rucola oder Chili-Garnelen zu erfrischen oder einer Gurkenkaltschale mit Minze. Im Winter kann es eine würzige Karottensuppe mit Orangenfilets oder fein geriebener Zitronenschale sein.

Einem Energieverlust kann auch mit wärmenden Mahlzeiten entgegengewirkt werden. Hier sind Gemüsesuppen oder auch Eintöpfe von Vorteil, ein Steak oder gedünsteter Fisch mit viel Gemüse bringt ebenso wieder Kraft.

Oft hängt der Appetit auch mit den Jahreszeiten oder Temperaturen zusammen. Für denjenigen, für den im Sommer ein gesetztes Menü mit schweren Fleischgerichten oder Pasta in sahnigen Soßen vorgesehen ist, der hat auch die Freiheit, dieses im Restaurant durch Gemüse- oder Salatgerichte auszutauschen. Die Flexibilität einer guten Küche sollte hier ruhig getestet werden, um sich nach dem Mittagessen noch arbeits- und leistungsfähig zu fühlen.

Am **Abend** ist es nun entscheidend, den Tag nochmals Revue passieren zu lassen und sich bewusst zu werden, was bereits im Laufe des Tages an Essen zu sich genommen wurde. Wer mittags nur einen Snack hatte, für den steht nun die Hauptmahlzeit an. Sie muss nicht zwangsläufig aus mehreren Gängen oder einem „halben Schwein" bestehen. Aber die fehlenden Nährstoffe des Tages können hierbei aufgenommen werden.

So ist an einem Schreibtischtag und nach Arbeitsgesprächen mit Mitarbeitern und Kollegen eventuell nur ein Sandwich auf die Schnelle verzehrt worden. Dann passt abends eine warme Mahlzeit, die je nach Lust beispielsweise aus Pasta mit Tomaten und Thunfisch sowie einem Salat bestehen kann oder Kabeljau auf einem Gemüse-Kartoffel-Bett mit einer Salsa oder Pesto.

Stand allerdings tagsüber bereits ein Menü im Restaurant auf der Agenda oder wurde während einer Tagung in allen Pausen viel Essbares gereicht, so ist abends eher Leichteres angesagt. Hier kann je nach Saison eine Kürbissuppe oder eine Gazpacho ausreichen, kleine „Tapas" bestehend aus Kirschtomaten und Minimozzarellas, im Ofen gegrillten Zucchini-Auberginen-Spießen oder Krabben in Dillvinaigrette auf Chicoree-Blättern – hier sind der Fantasie keine Grenzen gesetzt.

Aber auch hierbei gilt die Prämisse, dass zunächst innegehalten und überlegt werden sollte, was für eine Mahlzeit passend sein könnte. Auf sich zu hören und auch nochmals einen Gedanken auf das am Tag verzehrte Essen zu verwenden, ist angesagt. Dies bedeutet, dass nicht jeden Abend aus praktischen Gründen dasselbe eintönige Programm, z. B. bestehend aus Aufschnitt und Käse begleitet von Brotscheiben, auf den Tisch kommen sollte. Das macht weder Freude noch ist es das, wonach uns gelüstet. Es ist eben einfach nur greifbar und erfordert keine zusätzlichen Gedanken, die auf das Essen verwendet werden.

Wer sich jedoch ein wenig Zeit nimmt und tatsächlich überlegt, welche Essensvarianten gerade jetzt und für diesen Abend richtig sind, wird viel mehr Freude und Genuss an seinem jeweiligen Abendessen empfinden. Hier zählt sicherlich nicht Menge und schnelle Verfügbarkeit, sondern Qualität und die jeweils den Bedürfnissen entsprechenden Speisen, die guttun und für den Tag entschädigen.

Auch wenn das täglich variierende „Programm" zunächst etwas mehr Arbeit und Überlegung erfordert, lohnt es sich doch, jede Mahlzeit bewusst zu erleben.

Um die jeweils passende Nahrung zu sich zu nehmen, sollte die Vielfalt genutzt werden und ganz bewusst ausgewählt werden, was gerade benötigt wird. Sich selbst zu beobachten und den jeweiligen Bedarf zu erkennen und das Essen darauf abzustimmen, wird auf Dauer zu mehr Zufriedenheit führen.

Das Gefühl nach dem Essen gibt Aufschluss darüber, ob die richtige Wahl getroffen wurde. Wer hier hin und wieder einen Fehlgriff tut, hat glücklicherweise die Möglichkeit, aus der Vielfalt des Angebots zu wählen und seine Mahlzeiten jeweils neu und anders zusammenzustellen. Das ist für Gesundheit und Wohlgefühl im Führungsalltag ein wichtiger Schlüssel.

4.2 Iss bunt

Noch nie war die Auswahl an Lebensmitteln so groß, wie wir sie heute in Supermärkten, kleinen Delikatess-Läden und auf Märkten erhalten können. Die großartige und bunte Welt vollen Geschmacks steht uns zur Verfügung – wir müssen sie nur nutzen! Bald darauf werden wir feststellen, dass dies nicht nur dem Körper, sondern auch dem Geist und der Seele sehr guttut.

Möglichst bunt zu essen hat durchaus einen sinnvollen Hintergrund. Nicht nur die optische Abwechslung ist von großer Bedeutung, sondern auch die schier unendliche Varianz unterschiedlicher Inhaltsstoffe in der Nahrung, die durch die vielfältigen Farben gewährleistet werden. Bei buntem Essen werden die Pflanzenstoffe, die sich in verschiedenen Lebensmitteln finden und den Körper unterstützen, genutzt.

Ernährungswissenschaftler gehen davon aus, dass mehrere zehntausend Pflanzenstoffe in natürlichen Lebensmitteln zu finden sind, die alle in mehr oder weniger großem Maß für unseren Körper wichtig sind. Diese Stoffe zeigen sich sehr deutlich in der Farbgebung von Obst und Gemüse und helfen damit indirekt, durch einen optimalen Mix bunter Farben den Körper bei der Versorgung mit diesen lebenswichtigen Stoffen zu unterstützen.

Rote Früchte und Gemüse machen uns aktiv und beleben, Erdbeeren signalisieren uns Lebensfreude. Darüber hinaus werden u. a. Wassermelonen mit einer herzschützenden Wirkung in Verbindung gebracht und insbesondere Tomaten sollen das Risiko von Prostatakrebs mindern.

Alles **Grüne** besänftigt dagegen. Brokkoli, Gurke und Avocado lassen uns zur Ruhe kommen und entspannen. Auch Grün-, China- und Rosenkohl, Mangold und Kohlrabi sind hilfreich und regen die Produktion von Leberenzymen an, die krebserregende Stoffe im Körper zersetzen.

Gelb bis orangefarbene Lebensmittel bringen Sonne auf den Tisch, stärken die Nerven und stimmen uns optimistisch. Die in Karotten, Mangos, Kürbis und Aprikosen enthaltenen Carotinoide (u. a. Beta Carotin) erhalten Haut und Augen gesund und senken möglicherweise auch die Gefahr eines Herzinfarkts und das Krebsrisiko.

Blau bis rot-violettes Obst und Gemüse wie Blaubeeren, Auberginen, Pflaumen, Kirschen, Brombeeren und rot-blaue Trauben senken das Risiko von Blutgerinnseln und Schlaganfall. Entzündungshemmende und gefäßschützende Wirkung wird ihnen ebenfalls nachgesagt.

Viele Pflanzenstoffe sind sehr stabil und bleiben dadurch auch durch schonendes Kochen oder andere Methoden der Weiterverarbeitung enthalten. So sind die oben genannten Vorteile auch noch in einer aus frischen Tomaten hergestellten Soße oder aus reifen roten Trauben gekelterten Weinen wirksam.

Was besonders guttut, kann durch persönlichen Geschmack und Vorlieben getestet werden. Die richtige Zubereitung und Würzung ist entscheidend, und glücklicherweise kann dieses Wissen erworben werden. Dann kommt die enorme Vielfalt der Natur mit ihrem üppigen Angebot zum Tragen. Ungewohnte Gemüsesorten wie Knollen oder Wurzeln, Linsen oder die große Auswahl an Bohnen können so auf eine neue Art und Weise erlebt werden. Die essbare Pflanzenwelt wird auf diese Weise zu einem wahren Paradies an Vielfalt und Genuss.

Die Pflanzenfarbstoffe sind also von intensiver biologischer Aktivität. Sie wirken anregend auf die Sauerstoffverarbeitung in den Körperzellen und aktivieren damit den gesamten Organismus. Natürliche Farbstoffe sollen bakterienhemmend sein und vor Strahlung schützen. In allerlei Hinsicht sind Obst und Gemüse entsprechend als grundlegende Bestandteile unseres Speiseplans zu befürworten.

Um jedoch nicht auf das „Kaugefühl" verzichten zu müssen, das häufig mit den Obst- und Gemüsesorten in gekochter oder verarbeiteter Form einhergeht, können Nüsse, Kerne oder Getreide zugefügt werden. Auch Pilze wie Shitake, Steinpilze oder Champignons geben uns das Gefühl, etwas mit Biss im Mund zu haben. Wem diese Zutaten fürs richtige Beißen nicht ausreichen, kann aus den weichen Gemüsesorten Lasagne, Quiches oder Aufläufe zubereiten oder die bunten Pflanzenprodukte mit dünnen Teigfladen umwickeln. Hiermit wird für ein herzhafteres, kernigeres Kauen gesorgt.

4.3 Grundnährstoffe, Vitamine und Co. – was ist das eigentlich?

Um unseren Körper und Geist in bester Form zu halten, ist das grundlegende Wissen über Nährstoffe von entscheidender Bedeutung. Gerade Führungskräfte müssen täglich Hochleistung erbringen und sollten sich über die Nahrung, die sie fit hält und mit ausreichender Energie versorgt, im Klaren sein. In Stressphasen wird häufig das zu sich genommen, was gerade zur Hand ist, oder in Restaurants kommen üppige Menüs auf den Tisch, die ohne darüber nachzudenken während eines Geschäftsessens vertilgt werden. Bei Führungskräften ist dies häufig eher die Regel als die Ausnahme.

Das ist jedoch nicht zielführend, weil nach dem Essen oft Unwohlsein oder Völlegefühle bestehen, da nicht das Richtige verzehrt wurde. Zunächst ist das nur unangenehm, auf Dauer aber sogar schädlich. Daher ist es sinnvoll, sich mit den Bestandteilen unserer Nahrung auszukennen und zu wissen, welche für das eigene Wohlbefinden notwendig sind.

Daher dieser Exkurs zu den Nährstoffen. Das Durcharbeiten dieses Abschnitts erfordert ein wenig Konzentration und Ausdauer. Als Belohnung erhält der interessierte Leser wertvolle Grundlagen, die ihn künftig bessere Entscheidungen bei der Essensauswahl treffen lassen. Viel Spaß und Energie bei der Lektüre der nächsten Seiten!

Nährstoffe werden von allen Lebewesen aufgenommen und mithilfe des Stoffwechsels verarbeitet. Essenziele Nährstoffe sind solche, die mit der Nahrung aufgenommen werden müssen, im Gegensatz zu jenen Nährstoffen, die der Körper selbst herstellen kann. Generell unterscheidet man Kohlenhydrate, Eiweiße und Fette sowie Vitamine, Mineralstoffe und Wasser. Nicht nur die ausreichende Zufuhr von Nährstoffen ist entscheidend, sondern auch die Kombination der Lebensmittel und deren Qualität.

Kohlenhydrate, Eiweiße und Fette als Energielieferanten

Als Grundnährstoffe fasst man die Nahrungsbestandteile zusammen, aus denen der Organismus Energie gewinnt. Dies sind Kohlenhydrate (Zucker), Eiweiße (Proteine) und Fette (Lipide). Eine gute Aufteilung der Lebensmittelgruppen bei der täglichen Nahrungsaufnahme liegt bei 50 bis 60 % Kohlenhydraten, 10 bis 15 % Eiweiß sowie 25 bis 30 % Fetten. Nährwerttabellen befinden sich auf den Verpackungen von Lebensmitteln oder können in den gängigen Suchmaschinen unter Stichworten wie „Nährwerttabelle" oder „Nährwertrechner" gefunden werden.

Kohlenhydrate sind die Energielieferanten, die in der täglichen Nahrung den größten Raum einnehmen sollten. Etwa 200 bis 400 g pro Tag (je nachdem, ob es sich um zierliche Frauen oder große Männer handelt) werden empfohlen. Lieferanten hierfür sind Obst und Gemüse, Kartoffeln, Reis, Nudeln, Getreideflocken und natürlich Brot. Je nach Verträglichkeit sollte zwischen Vollkorn-, Sauerteig- oder hellem Brot gewählt werden.

Ein Großteil der Bevölkerung isst zu wenige Kohlenhydrate, oft aus Angst vor Gewichtszunahme. Dies kann tatsächlich der Fall sein, wenn die Kohlenhydratzufuhr im Wesentlichen aus Süßigkeiten, Kuchen oder stark gesüßten Speisen besteht. In diesen Produkten ist ein großer Anteil „**Haushaltszucker**", also Rohr- oder Rübenzucker enthalten. Dieser ist ein vom Organismus sehr leicht aufzunehmender Zucker, da er aus nur zwei Molekülen besteht, die während der Verdauung sehr schnell aufgespalten und durch die Darmschleimhaut ins Blut aufgenommen werden. Von dort wandert er in die Körperzellen, wo er Energie liefert. Überschüssiger Zucker wird in Muskeln und Leber gespeichert und zum Teil in Fett umgewandelt.

Komplexe Kohlenhydrate, also u. a. die Stärke kommen in Kartoffeln, Hülsenfrüchten und Getreide vor. Auch in Obst und Gemüse finden sich diese Vielfachzucker, die im Gegensatz zum Haushaltszucker vom Organismus langsamer verarbeitet werden, weil die vielen aneinanderhängenden Moleküle erst aufgespalten werden müssen. Erst dann werden sie ins Blut abgegeben und stehen den Körperzellen zur Verfügung. Diese komplexen Kohlenhydrate sind für eine langfristige Versorgung des Organismus verantwortlich. Süßigkeiten oder gesüßte Produkte mit hohem Haushaltszuckeranteil wirken hingegen kurzfristig.

Auch **Ballaststoffe** gehören zu den Kohlenhydraten. Sie finden sich vorwiegend in Getreide, Gemüse, Obst und Hülsenfrüchten. Sie werden von menschlichen Verdauungsenzymen nicht aufgespalten und gelangen unverdaut bis in den Darm. Positiv wirken sie, weil sie die Darmbewegung anregen und toxische Stoffe binden. Außerdem verkürzen sie die Verweildauer im Darm, so dass die Ausscheidung schneller vor sich geht.

Eine zu große Ballaststoffzufuhr kann jedoch einen negativen Effekt haben, da auch Verdauungsstörungen wie Blähungen und Völlegefühl entstehen können. Jeder Organismus funktioniert anders, daher sollte jeder für sich die richtige Menge finden. Dies ist durch Ausprobieren und Beobachtung feststellbar, was nach wenigen Tagen zu einem befriedigenden Ergebnis führen sollte.

Eiweiß ist der zweite wichtige Grundnährstoff, dessen Bedarf bei etwa 0,8 g pro kg Körpergewicht liegt, also etwa 60 g Eiweiß bei einem 75 kg schweren Mann oder ca. 50 g bei einer 60 kg schweren Frau. Muskeln, Haut, Haare, Augen und Nägel bestehen aus Eiweiß. Eiweiß ist elementarer Bestandteil der Zellen und Enzyme, die

4.3 Grundnährstoffe, Vitamine und Co. – was ist das eigentlich?

deren Funktion sichern. Dieser Nährstoff entscheidet über gute Laune, ein starkes Immunsystem, Jugendlichkeit und ist damit auch Schlüssel zum Erfolg.

Die Eiweiß-**Quelle** ist jedoch entscheidend, um dem Körper von Nutzen zu sein. Ein Zuviel an einseitiger Eiweißaufnahme wie beispielsweise nur durch Fleisch kann den Stoffwechsel belasten und zu einer schädlichen Übersäuerung des Körpers führen. Das überschüssige Eiweiß kann auch im Bindegewebe, den Gelenken oder Blutgefäßen deponiert werden, was zu Problemen führen kann. Aber neben dem „Braten" sind Nüsse und Samen, Getreide und Getreideprodukte, Hülsenfrüchte und Sojabohnen sowie Kartoffeln, Gemüse, Fisch, Eier, Milch bzw. Milchprodukte auch gute Eiweißquellen, die sich bei Einhaltung der richtigen Menge positiv auswirken.

Eiweißmangel ist hierzulande eher selten, aber gerade wer Diät macht bzw. sich einseitig ernährt oder extrem viel Sport treibt, kann davon betroffen sein. Führungskräfte tendieren dazu, sich nicht immer ausgewogen zu ernähren und noch dazu in manchen Fällen die knapp bemessene Freizeit mit extremer sportlicher Betätigung zu füllen. Hier ist es sinnvoll, auf eine regelmäßige und ausreichende Eiweißzufuhr zu achten.

Die kleinsten Bausteine der Eiweiße sind **Aminosäuren**. Es gibt über 20 verschiedene Aminosäure-Gruppen, die sich in Millionen Kombinationen zu Proteinen zusammensetzen lassen. Die meisten Aminosäuren werden vom Körper selbst erzeugt. Es gibt jedoch acht Aminosäuren, die der Körper nicht selbst herstellen kann. Sie sind lebensnotwendig und müssen von außen zugeführt werden (essenziell).

Sie können nur mit der Nahrung aufgenommen werden, sonst kommt es zu Störungen bei der Verarbeitung in den Zellen, was zu Stoffwechselschäden führen kann. Die essenziellen Aminosäuren kommen vorwiegend in Pflanzen vor, so dass über Obst, Gemüse und Getreide der Bedarf gut gedeckt werden kann.

Fette sind die Nährstoffe, welche die meiste Energie liefern. Überschüssiges Fett, das nicht als Energie verbraucht wird, speichert der Organismus als Körperfett. Eine Folge davon ist Gewichtszunahme. Auch Stärke, Alkohol und „normaler" Zucker können – soweit nicht zur Energielieferung verwandt – in Fett umgewandelt und gespeichert werden. Pro Tag benötigt ein Erwachsener etwa 60 bis 80 g Fett.

Fett hat auch eine wichtige Bedeutung für unseren Körper. Obwohl den Fetten selten etwas Gutes nachgesagt wird, sind sie für unseren Organismus lebensnotwendig. Nahrungsfett ist Hauptenergielieferant, Träger fettlöslicher Vitamine, Bestandteil von Zellmembranen und Ausgangsprodukt für biologisch wirksame Substanzen. Körperfett hat die Aufgaben der Energiereserve, Wärmeisolierung, Stütz- und Polsterfunktion. Fett ist zudem ein wesentlicher Aroma-Träger.

Zu den empfehlenswerten Fettlieferanten gehören kaltgepresste, naturbelassene Pflanzenöle und –fette, Butter, frische Sahne sowie Nüsse und Samen. Die Art der Fette spielt eine bedeutende Rolle, da Fett nicht gleich Fett ist. Der Körper ist auf die Zufuhr **essenzieller Fettsäuren** angewiesen, da diese nicht vom Organismus hergestellt werden können. Sie sind wichtige Bausteine für die Zellwände und bilden die Grundlage für den Aufbau von Gewebshormonen und wirken damit zum Teil als Gegenspieler des Stresshormons Adrenalin. Darüber hinaus senken sie den Cholesterinspiegel. Enthalten sind diese essenziellen bzw. mehrfach ungesättigten Fettsäuren in pflanzlichen Ölen wie Sonnenblumen-, Walnuss- Weizenkeim- oder Sojaöl.

Die Aufnahme von Fett sollte jeweils zu einem Drittel aus diesen **mehrfach ungesättigten Fettsäuren** sowie jeweils einem weiteren Drittel aus **gesättigten Fettsäuren** (u. a. in Butter, Schmalz oder Kokosfett) und **einfach ungesättigten Fettsäuren** (u. a. in Oliven- und Rapsöl, Avocados, Nüssen, Samen) bestehen.

Viel diskutiert ist das **Cholesterin**. Cholesterin ist ein Fettbegleitstoff, der in tierischen Fetten vorkommt. Der Körper bildet jedoch selbst Cholesterin und scheidet es in den Magen-Darm Trakt aus, von wo aus es wieder resorbiert wird. Es unterliegt also im Körper einem Kreislauf. Die von außen zugeführt Menge macht nur einen kleineren Anteil an diesem Kreislauf aus.

Ein gewisser Anteil der Bevölkerung hat durch erbliche Faktoren einen hohen Cholesterinspiegel. Hier empfiehlt es sich, im Wesentlichen pflanzliche Fette zu verzehren, die kein Cholesterin enthalten. Überbewertet werden die Cholesterinaufnahme und eine damit zusammenhängende Neigung zu Herz- und Kreislauferkrankungen. Studien zeigen mittlerweile, dass es keinen wesentlichen Zusammenhang zwischen der Cholesterinaufnahme und dem (vermeintlich ansteigenden) Blutcholesterin gibt. Liegen in der Familie keine zu hohen Cholesterinspiegel vor, so ist es unnötig, auf Eier oder cholesterinhaltige Produkte zu verzichten.

Vitamine, Mineralstoffe und Spurenelemente als Bausteine des Lebens

Jeder hat seit seiner jüngsten Kindheit davon gehört, dass Vitamine und Mineralstoffe wichtig sind, um gesund zu bleiben. Doch in vielen Fällen ist dies eine pauschale Aussage und dadurch nicht immer klar, was mit der richtigen Zufuhr dieser Vitalstoffe eigentlich gemeint ist. Im Großen und Ganzen sind wir durch die hierzulande erhältliche Kost mit Vitaminen und Mineralien gut versorgt. Aber es gibt gewisse Defizite, die insbesondere Führungskräfte betreffen, was im Folgenden ausgeführt wird:

4.3 Grundnährstoffe, Vitamine und Co. – was ist das eigentlich?

Bedingt durch einen stressreichen Alltag, einseitige Ernährung in bestimmten Situationen und extreme sportliche Aktivitäten in der wenigen Freizeit können Mangelerscheinungen auftreten, die hier beschrieben werden sollen. Womit Abhilfe geschaffen werden kann, wird in diesem Abschnitt beleuchtet.

Vitamine sind essenziell, also lebenswichtig. Das deutet schon ihr Name an, denn das lateinische Wort für "Leben" steckt darin – "vita". Unser Körper kann die Stoffe nicht selbst herstellen, sondern muss sie aus der Nahrung aufnehmen. Mit zwei Ausnahmen: Vitamin D und Vitamin K:

Vitamin D entsteht im Organismus mit Hilfe von Sonnenlicht. Daher ist der Gang an die frische Luft – auch in den kalten Monaten – so wichtig, denn hier wird durch die Einwirkung des Tageslichts die Vitaminproduktion aktiviert. Und das nahezu vergessene Vitamin K, das u. a. für die Gerinnungsfähigkeit des Bluts verantwortlich ist, kann ebenfalls vom Körper durch Bakterien im menschlichen Darm gebildet werden.

Bei einer ausgewogenen Ernährung entsteht bei uns in der Regel kein Vitaminmangel mit Mangelerscheinungen. Allerdings hängt der individuelle Vitaminbedarf von vielen Faktoren ab. So kann es manchmal doch zur Unterversorgung kommen, zum Beispiel bei Infekten wie Erkältung und Grippe, einseitiger Ernährung, chronischen Magen-Darmkrankheiten, bei der Einnahme bestimmter Medikamente, bei hohem Alkoholkonsum, bei Vegetariern oder passionierten Sportlern.

Man unterscheidet fett- und wasserlösliche Vitamine. Die **fettlöslichen Vitamine A, D, E und K** werden in Kombination mit fetthaltigen Lebensmitteln besser aufgenommen. Daher sollten beispielsweise Karotten mit etwas Öl eingelegt oder angebraten werden, so dass das darin enthaltene Provitamin A (Beta-Carotin) besser verwertet werden kann.

Vitamin A reguliert u. a. den Aufbau von Haut und Schleimhäuten und ist wichtig für das Sehen sowie das Immunsystem. Rotes und gelbes Gemüse sind gute Quellen für die Vorstufen dieses Vitamins.

Vitamin D ist wichtig für gesunde Knochen, da es diese mineralisiert und den Calcium- und Phosphatstoffwechsel beeinflusst. Eier, Milch und Fisch wie Makrelen und Hering sowie Avocados enthalten dieses knochenstärkende Vitamin.

Vitamin E kann das Risiko von Krebserkrankungen reduzieren, wird allerdings vom Körper nicht selbst hergestellt. Es wird verstärkt bei Stress, geschwächten Abwehrkräften und Herzerkrankungen benötigt, was für viele Führungskräfte ein Thema ist. Es muss als essenzielles Vitamin von außen durch die Nahrung zugeführt werden. Pflanzliche Lebensmittel sind hierfür geeignet, u. a. Paprika, Mandeln, Haselnüsse sowie Pflanzenöle aus Oliven, Sonnblumen, Disteln oder Raps.

Vitamin K hilft bei der Blutgerinnung und dem Knochenaufbau. Meist ist der Organismus gut versorgt mit diesem Vitamin, da es relativ häufig in der Natur vorkommt, beispielsweise in grünem Blattgemüse wie Spinat und Kohl sowie in Hähnchen.

Diese fettlöslichen Vitamine sollten bei gesunden Menschen nicht im Übermaß bzw. auf Vorrat aufgenommen werden, schon gar nicht als Nahrungsergänzungsmittel. Sie können sich im Körper anreichern und führen zu Kopfschmerzen, Übelkeit, Erbrechen (zu viel Vitamin D und E) oder gar vermehrten Knochenbrüchen (zu viel Vitamin A). Daher sollte bei künstlicher Vitamin-Zufuhr, die krankheitsbedingt oder durch Mangelerscheinungen notwendig ist, zunächst ein Spezialist befragt werden.

Die **wasserlöslichen Vitamine B, C, Folsäure und Biotin** sind ebenfalls essenziell. Sollte hiervon eine zu hohe Dosis in den Körper geraten, so wird der Überschuss normalerweise über den Urin wieder ausgeschieden. Nur in seltenen Fällen kann eine Überdosierung von Vitamin C abführend wirken. Die Säure greift auch den Zahnschmelz an. Also sei auch hier eine wohldosierte Menge angeraten und vor übertriebenen Ängsten vor Mangelerscheinungen, die sich durch die Medien oft schon zur Panikmache auswächst, gewarnt.

Vitamin B tritt immer als sogenannter Vitamin-B-Komplex in Naturprodukten auf und nie isoliert. Ein Vitamin B allein (B1, B2, B3, B5, B6, B12) ist also nicht in der Lage, wirksam zu sein. Aus diesem Grund ist es völlig sinnlos, sich ein Präparat zu kaufen, welches nur eines der Vitamin-B-Gruppe enthält. Am besten bezieht man das Vitamin also aus Lebensmitteln, in welchen sie in natürlicher Form vorkommen. U. a. in Kartoffeln, Milch, Pilzen, Avocado, Eiern, Seefischen oder Erdnüssen. Davon profitieren der Verdauungsapparat, Haut, Haare, Lippen und Nerven. Gerade für Führungskräfte, deren Nervenkostüm oft strapaziert wird, ist Vitamin B als Energielieferant für einen funktionierenden Stoffwechsel von entscheidender Bedeutung.

Vitamin C ist in aller Munde – gerade in der kalten Jahreszeit. Es stärkt Immunsystem und Bindegewebe und fördert die Wundheilung. Hagebutten, schwarze Johannisbeeren, Paprika oder Kiwis sind hervorragende Vitamin C-Lieferanten. In Orangen und Zitronen ist ein geringerer Anteil erhalten, der aber auch wirksam ist. Da Vitamin C in der Natur in nahezu allen pflanzlichen und tierischen Lebensmitteln vorkommt, ist eine künstliche Zufuhr in der Regel nicht notwendig.

Folsäure (ebenfalls aus der Gruppe der B-Vitamine) ist für Abwehrkräfte, Blutbildung und den Eiweißstoffwechsel bedeutend. Getreide, Hülsen- und Zitrusfrüchte sind gute Lieferanten, Fenchel und Brokkoli enthalten ebenfalls viel Folsäure. Bei chronischen Erkrankungen und erhöhtem Alkoholkonsum ist eine Unterversorgung möglich. Hier ist es in Einzelfällen und nach Rücksprache mit einem Experten eventuell sinnvoll, diese künstlich zuzuführen.

Biotin (wird auch den B-Vitaminen zugeordnet) ist wichtig für die Bildung von Blutzellen, für Haut, Haare und Nägel sowie eine gute Nervenfunktion. Auch hiervon können Menschen mit anstrengendem Führungsalltag profitieren. Wer darüber hinaus vermehrt Alkohol trinkt oder unter Depressionen leidet, kann ebenfalls von Biotin-Mangel betroffen sein. Eine ausreichende Zufuhr verhindert Mangelerscheinungen und kann durch Milch, Eier, Nüsse, Haferflocken oder Sesamsamen erreicht werden.

Neben den Vitaminen sind auch viele **Mineralstoffe** für den Organismus unverzichtbar und müssen über die Nahrung aufgenommen werden. Die Funktion von Muskeln und Nerven wird hiervon beeinflusst, der Aufbau von Knochen und Zähnen begünstigt. Man unterscheidet bei den Mineralien zwischen **Mengenelementen**, wozu Calcium, Kalium, Magnesium, Natrium und Chlorid gehören, und den **Spurenelementen**, wovon der Körper nur sehr geringe Mengen benötigt. Zu den Spurenelementen werden Jod, Zink, Selen, Fluorid, Kupfer, Eisen und Mangan gezählt.

Mengenelemente sind jene Mineralstoffe, die mit mehr als 50 mg pro kg Körpergewicht im menschlichen Organismus enthalten sind. Die ausreichende Zufuhr an Mengenelementen ist durch eine ausgewogene Ernährung in der Regel gesichert. Hierzu reichen pro Tag mindestens zweimal Obst und Gemüse, zweimal in der Woche Fleisch, einmal in der Woche Fisch sowie täglich Getreideprodukte, um den Bedarf an Calcium, Kalium, Magnesium, Natrium und Chlorid zu sichern. Auch Kochsalz trägt zur Versorgung bei, was jedoch ebenfalls nur in maßvollen Mengen verwendet werden sollte. Trinken darf ebenfalls nicht vergessen werden: Mit Mineralwasser, Kräuter- und Früchtetees sowie verdünnten oder frischen Fruchtsäften tut man dem Körper in punkto Mineralstoffversorgung ebenfalls gut.

Spurenelemente hingegen sind zu weniger als 50 mg pro kg Körpergewicht im menschlichen Körper enthalten. Doch ohne sie ist ein Funktionieren von Enzymen und Hormonen undenkbar. Jod ist erforderlich für die Bildung von Schilddrüsenhormonen. Eisen braucht der Körper zur Blutbildung, Fluor für gesunde Zähne. Neben den genannten gibt es viele weitere Spurenelemente, darunter Zink, Mangan, Kupfer und Selen, die ebenfalls Bestandteil und Aktivator von Enzymen sind.

Auf eine „Manager-Krankheit" sei hier insbesondere hingewiesen: Ein Spurenelement, das **Eisen**, ist bei zahlreichen Führungskräften ein Problemfaktor. Eisenmangel wird u. a. durch Stress ausgelöst oder gefördert und äußert sich durch Konzentrationsstörungen, Leistungsminderung, erhöhte Anfälligkeit für Infekte sowie Müdigkeit oder Schlappsein. Äußerlich ist die Eisenmangel-Anämie (Blutarmut) durch eine blasse Hautfarbe und helle Schleimhäute gekennzeichnet. Auch entzündete Mundwinkel, Schwindel, Kopfschmerzen, Atemnot oder Herzklopfen sind Zeichen für einen Eisenmangel.

Um auf natürlichem Wege die Eisenspeicher aufzufüllen, sollten Petersilie, Hülsenfrüchte, grüne Blattsalate und -gemüse, rote Beete und rote Beeren nicht fehlen. Ein noch besserer Eisenlieferant ist Leber. Wer diese jedoch nicht mag, kann auf oben genannte Pflanzenprodukte zurückgreifen, die am besten mit Vitamin C, also einem Schuss Zitrone im Salatdressing oder einem Glas frischem Orangensaft, kombiniert werden sollten, um die Aufnahme zu erhöhen.

Ein letztes Wort in diesem Abschnitt soll den **Nahrungsergänzungsmitteln** gewidmet sein. Bei einer gesunden Ernährung und eventuell bewusster Aufnahme oben genannter Lebensmittel bei anfänglichen Mangelerscheinungen, ist die ausreichende Versorgung mit Mineralien und Vitaminen in der Regel gegeben. Die künstliche Zufuhr ist keineswegs so gesund und unbedenklich, wie häufig in den Medien und der Werbung beschrieben.

Überdosierungen sind bei der Einnahme von Nahrungsergänzungsmitteln oft vorprogrammiert, denn während der Körper einige Stoffe wie Vitamin C schlicht nicht mehr aufnimmt, sobald der Bedarf gedeckt ist, lagern sich andere im Gewebe ein. Die Folge sind Symptome, die von Kopfschmerzen bis zu einem höheren Krebsrisiko reichen können. Einige Studien sprechen sogar von einer erhöhten Sterblichkeitsrate. Künstliche Vitamine und Mineralien sollten also mit Vorsicht betrachtet werden. Der Schlüssel zu einer guten Versorgung liegt in einer ausgewogenen Ernährung, die dem Organismus alles Notwendige zur Verfügung stellt.

4.4 Probieren geht über Studieren

Eine **Gebrauchsanweisung für die richtige Nährstoff-Aufnahme** besteht darin, oben genannte Beschreibungen zu den einzelnen Energie- und Vitalitätslieferanten zu überfliegen und ganz individuell mit Hinblick auf die eigenen, beobachteten Mangelerscheinungen zu scannen. Hieran kann genau erkannt werden, wo Bedarf besteht. Auch die genannten Lebensmittel sollten mit dem persönlichen Ernährungsverhalten abgeglichen werden. Was nicht gegessen wird, sollte künftig möglichst Einzug in den Speiseplan halten. Dies für sich zu überprüfen, dürfte nicht länger als 20 min in Anspruch nehmen, um zukünftig mit den wesentlichen Nährstoffen versorgt zu sein und dadurch seine Lebensqualität und Leistungsfähigkeit zu verbessern.

Aber es ist auch von großer Bedeutung, das uns zur Verfügung stehende Angebot an Lebensmitteln kennenzulernen und auszunutzen. Dabei geht es im Wesentlichen um unverarbeitete und natürliche Produkte, die in eine für uns passende (und schmeckende) Form gebracht werden können.

4.4 Probieren geht über Studieren

Für den einen mögen dies die bunten Gemüse- und Obstsorten in roher Form sein, für den anderen lieber die gedünstete oder angebratene Variante. Hier kommt es jedoch nicht nur auf den Geschmack an, sondern insbesondere auch auf die Wirkung des jeweils Gegessenen.

Dem einen oder anderen mag etwas schwer im Magen liegen. Es können auch Gemüse sein, die nach dem Verzehr immer wieder grüßen oder Obst, das auf der Zunge brennt.

Hier gibt es keine allgemeinen Ratgeber oder für alle gültigen Tipps. Es ist eine Sache des Austestens, was auch viel Spaß machen kann. Wenn ein Lebensmittel als unpassend oder schwer verdaulich empfunden wurde, können Varianten hierfür gesucht werden. Das macht unseren Speiseplan wesentlich vielfältiger. Neue Produkte werden probiert oder altbekannte auf neue Weise zubereitet. All das dient zum einen dem Genuss, wird aber auf Dauer auch eine gesundheitliche Wirkung haben.

Daher sollte die breite Palette, die in Lebensmittelgeschäften, Delikatessabteilungen oder an Bioständen auf dem Markt angeboten wird, ausprobiert werden. Erst, nachdem ein paar Experimente erfolgt sind, kann systematisch das ausgeschlossen werden, was (eventuell schon über Jahre) belastet und eine neue Alternative dazu gefunden werden.

Mit etwas Sensibilität, Neugier und Beobachtungsgabe kann nach und nach die richtige Ernährung gefunden werden, die dauerhaft zufrieden macht und für mehr Leistungsfähigkeit sorgt. Auch die Lebensfreude wird über kurz oder lang gesteigert, da gerade das Essen eine ausnehmend wichtige Rolle spielt, wenn es um Wohlbefinden und Genuss geht. Viel Spaß beim Ausprobieren und gutes Gelingen beim Einsatz der neuen kulinarischen Erkenntnisse!

Iss individuell

Auftakt: Du bist Dir selbst der nächste

Sich genussvoll, gut und bekömmlich zu ernähren, scheint für die meisten Führungskräfte ein Buch mit sieben Siegeln zu sein und teilweise verwirrend erscheinen. Kein Wunder bei der Vielzahl an „Experten-" Meinungen, Diät-Tipps und Ernährungsratschlägen, die täglich durch die Medien geistern. Leider tragen diese vielen Meldungen meist nicht zur Aufklärung bei. Viele sind irreführend und teilweise sogar falsch.

Doch genau wie in anderen Bereichen auch, sollte hier nicht allzu viel Bedeutung auf die jeweils neuesten „Erkenntnisse" gelegt werden. Das Hinterfragen und der Einsatz des gesunden Menschenverstands sind meist der Schlüssel zu diesem kompliziert erscheinenden Thema.

Ähnlich wie bei einem gesundheitlichen Problem, bei dem man auch auf sich hören und mit einer Person seines Vertrauens bzw. einem Arzt sprechen sollte, gilt dies für die eigene Ernährung. Wir selbst sind der beste Spezialist für unser Wohlbefinden. Wenn es Fragen gibt, die wir nicht in der Lage sind für uns zu beantworten, hilft oft der Rat von Freunden und Bekannten, die sich mit wohltuendem Essen auskennen und uns weiterhelfen können.

Gut zu essen ist keine Wissenschaft. Es ist alltägliche Erfahrung und Beobachtung der Wirkung. Gerade hier helfen Alltagstipps und Nachfragen im eigenen Umfeld oft mehr, als sich mit ausgefeilten Studien oder Schriftwerken von Ernährungsprofis auseinanderzusetzen.

Bei wem essen wir besonders gern? Schmeckt es uns und sind wir danach auch zufrieden? Hier lohnt es sich, einmal genauer hinzusehen und uns inspirieren zu lassen. Wer mit Bedacht kocht und mit Genuss isst, der klagt auch meist nicht über gesundheitliche Probleme und kann in vielerlei Hinsicht hilfreich sein.

Bei Freunden und Familie nachzufragen, wo sie einkaufen und wie sie Speisen zubereiten, ist oft schon äußerst gewinnbringend. Hier „tickt" man oft ähnlich und lässt sich gerne inspirieren.

Letztlich ist es am wichtigsten, sich selbst mit dem Thema auseinanderzusetzen. Jeder Mensch hat ganz individuelle Bedürfnisse und gerade Führungskräfte können am besten in ihrem zeitweilig anstrengenden Alltag für sich entscheiden, was sie brauchen, um energiegeladen und leistungsstark zu sein.

Seine eigenen Bedürfnisse zu kennen und diesen auch nachzugehen, ist das einzig Entscheidende, um sich mit Erfolg um die eigene Ernährung zu kümmern. Sich nicht vom eingeschränkten Kantinenangebot einengen zu lassen und hin und wieder auch einmal kreative Zusammenstellungen zu wagen, das kann zu größerem Wohlbefinden und Genuss führen.

Welche Zutaten will ich nicht auf meinem Teller haben und lieber durch andere ersetzen oder ergänzen, die mir guttun? Wo ist mir die Menge schlichtweg zu viel und auf einen Teil des Essens sollte verzichtet werden (oder ich nehme von vornherein weniger)? Zu welchen Zeiten habe ich überhaupt die Möglichkeit, mein Essen nicht herunter zu schlingen, sondern in Ruhe zu genießen?

All das sind kleine Entscheidungen, die täglich getroffen werden, aber große Bedeutung für den Führungsalltag haben. Dass man sich selbst dabei gut kennen muss und durch Beobachtung zu immer besserem Verständnis kommt, was guttut bzw. eher schädlich ist, ist unentbehrlich. Daher sind der individuelle Ansatz und das Vertrauen auf die eigenen Fähigkeiten in puncto Ernährungskompetenz wichtig und können zur Verbesserung der Lebensqualität erheblich beitragen. Hiermit beschäftigen wir uns im fünften Gebot.

5.1 Jeder tickt bei der Ernährung anders

Morgens wie ein Kaiser, mittags wie ein König, abends wie ein Bettler – wer kennt diesen vermeintlich weisen Spruch, den Mütter oder Großeltern übermittelten, nicht? Doch was hat es damit tatsächlich auf sich? Wenn diese Ernährungsempfehlung tatsächlich Bestand hätte, müssten alle Europäer aus den südlichen Mittelmeerländern übergewichtig bis fettleibig sein.

Sowohl Spanier, Portugiesen, Italiener als auch Griechen tendieren eher zu schmaler Kost am Morgen, die häufig aus einem Kaffee und einem kleinen Gebäckstück besteht, einem ausgewogenen Mittagessen, das meist am frühen Nachmittag zu sich genommen wird, und einem oft ausgedehnten, mehrgängigen Nachtmahl in den späteren Abendstunden.

Selbstverständlich spielt es auch eine wichtige Rolle, was die Südeuropäer zu sich nehmen, aber Fakt ist, dass hierbei die Uhrzeit, zu der die Mahlzeiten eingenommen werden, eine eher untergeordnete Rolle spielt. Genau dies sollten Führungskräfte berücksichtigen, wenn sie ihr Essverhalten hinterfragen.

Bin ich ein Mensch, der **morgens** nach dem Aufstehen Hunger hat und ohne Energiezufuhr nicht in die Gänge kommt? Oder habe ich vielmehr das Gefühl, mir ein Brot oder Müsli aufzwingen zu müssen? Wer für sich entscheidet, dass die frühe Mahlzeit guttut, der sollte sich diese auf keinen Fall verkneifen.

Die Wahl, ob dabei eher ein süßes Marmeladenbrot, ein Kräuterrührei mit Tomaten oder ein Müsli mit Früchten in Frage kommt, sollte ganz nach den eigenen Vorlieben erfolgen. Auch, ob das Frühstück warm, z. B. ein Grießbrei, Porridge bzw. eine Eierspeise, oder kalt, also ein Obstsalat mit Joghurt oder ein mit Quark bestrichenes Sauerteigbrot, sein sollte, ist individuell unterschiedlich.

Wer für sich allerdings beschließt, dass am frühen Morgen kein Bissen heruntergebracht werden kann bzw. dies nur mit Widerwillen, der kann seine erste Mahlzeit durchaus auf einen späteren Zeitpunkt verschieben.

Beim **Mittagessen** ist die Angelegenheit ähnlich. Es gibt Menschen, die gerne ein mehrgängiges Menü zu sich nehmen wollen, um das Energielevel aufrecht zu erhalten. Andere haben erst am früheren Nachmittag Lust, etwas zu essen. Eventuell auch nur eine Rohkostplatte oder einen exotischen Früchtemix. Neben der Art der Mahlzeit, ob klein und fein oder eher üppig und kraftspendend, spielt auch die Uhrzeit eine Rolle.

Es gibt Kantinen, die bereits ab 11:30 Uhr ihr Lunchangebot zur Verfügung stellen. Dementsprechend gibt es auch Menschen, die diese Tageszeit für ihr Mittagessen bevorzugen. Andere haben zu diesem Zeitpunkt gerade ihre erste Mahlzeit hinter sich und brauchen daher erst nach 14 Uhr kulinarischen Nachschub. Nichts davon ist besser oder schlechter, gesünder oder schädlicher.

Es hängt von den jeweiligen Organismen und teilweise von Gewohnheiten ab, die es von Zeit zu Zeit auch zu hinterfragen gilt. Wann, wie viel und was sind die drei Fragen, die am Mittag und auch zu jeder anderen Tageszeit gestellt werden sollten. Der einzige, der Antwort darauf geben kann, ist man selbst.

Anstoß der Kritik ist für viele vermeintliche „Ernährungsberater" in unseren Breitengraden, ob im privaten oder professionellen Umfeld, das **Abendessen**. Hier kursieren zahlreiche Meinungen, die teilweise gute Anregungen in sich bergen, zum Teil aber auch einfach falsch sind. Dinner Cancelling wird immer wieder einmal als Methode zum Abnehmen vorgeschlagen. Auch das Reduzieren der Mahlzeit auf entweder kohlenhydratreiche oder rein eiweißhaltige Kost kursiert als heißer Tipp. Rohkost und Salate werden als magenbeschwerend dargestellt und mehrere Gänge zu essen, ist am Abend sowieso oftmals verpönt.

Doch warum eigentlich? Es ist überhaupt nicht schädlich, sich abends mit einer mehrgängigen Mahlzeit zu verwöhnen, wenn diese sowohl schmeckt als auch später angenehm im Magen liegt. Hier gilt es, sich selbst genau zu beobachten. Es kann durchaus sein, dass ein Salat oder eine kalte Gemüseauswahl mit Dips abends

Beschwerden verursacht. Ist es eventuell nur eine Zutat im grünen Mix, beispielsweise die Paprika oder der Krautsalat? Oder haben auch der Feldsalat, Rucola und die Karotten unangenehme Folgen?

Neben den unterschiedlichen „Störfaktoren" bei den zu sich genommenen Nahrungsmitteln spielt häufig auch die Menge eine Rolle. Es gibt Menschen, die mit kleinen Mahlzeiten wie einer Kürbissuppe mit Flusskrebsen am Abend gut auskommen. Wärmend, wohlschmeckend und einfach befriedigend. Auch das mehrgängige Menü hat abends seine Berechtigung. Wer mit Genuss eine Spargelessenz, einen Zwischengang bestehend aus einer kleinen Pasta mit Tomatensugo, anschließend Fisch oder Fleisch mit Gemüse und eventuell zum Espresso Macchiato auch noch einen frisch gebackenen Keks verzehren möchte, für den mag diese Menüfolge genau das Richtige um diese Uhrzeit sein.

Häufig ist ein späteres Zubettgehen mit einer längeren oder späteren Abendmahlzeit verbunden. Dies kann sehr wohl mit dem jeweiligen Tagesrhythmus harmonieren bzw. der Tatsache geschuldet sein, dass nur wenige Stunden Schlaf benötigt werden, um am nächsten Morgen wieder fit zu sein, was mit dem jeweiligen Biorhythmus zusammenhängt.

Es ist also individuell äußerst unterschiedlich, zu welchen Uhrzeiten gegessen wird, welche Menge zum Tragen kommt und aus welchen Zusammensetzungen unsere Mahlzeiten bestehen. Das muss beobachtet, hinterfragt und womöglich angepasst werden, um sich über die eigenen Bedürfnisse klar zu werden. Mit ein bisschen Geduld findet jeder hierbei zu seinem ganz persönlichen Ernährungsstil, der auf Dauer guttut und zufrieden stellt.

5.2 Geschmack und Vorlieben zählen

Bereits im Babyalter bzw. in jüngster Kindheit werden bestimmte Vorlieben festgestellt und angelegt. Wie Mütter, Väter und die Nahrungsmittelhersteller den Geschmack der Kleinen prägen, nimmt erheblichen Einfluss auf die Präferenzen in späteren Jahren. Auch genetische Faktoren spielen bei der Wahl des bevorzugten Essens eine Rolle.

Ein Artikel im Wissenschaftsressort der taz (Burger 2010) führt hierzu aus:

> Die Vorliebe für Süßes ist den Allerkleinsten allerdings angeboren. Sie währt manchmal bis ins Jugendalter. Man vermutet dahinter evolutionäre Gründe: Schließlich gibt es nichts in der Natur, was süß und giftig zugleich ist. Was süß schmeckt, etwa Muttermilch, ist demnach sicher und energiereich – ideal also für den schnell wachsenden Säugling. Auch bei den anderen Geschmacksrichtungen spielen die Erbanlagen mit. So wird Bitteres wie Spinat oder Kohlgemüse von Kindern abgelehnt, weil Bitterstoffe

5.2 Geschmack und Vorlieben zählen

oft auch giftig sind. Sauergeschmack weist auf Verdorbenes oder Unreifes hin. Salzige Lebensmittel mögen vor allem Kleinkinder. Der Geschmack zeigt an, dass viele Mineralstoffe drinstecken. Umami, der Geschmack von eiweißreichem Fleisch, wird auch meist positiv gewertet. Allerdings gibt es, gerade was Bitteres anbelangt, große genetische Unterschiede, die sich schon im frühesten Kindesalter bemerkbar machen. Einige Menschen können bitter kaum schmecken und akzeptieren Kohlgemüse und Spinat. Andere, die sogenannten Supertaster, tun das nicht. Ein Viertel der Menschen hierzulande zählen zu den Supertastern, die auch oft stark Gesalzenes oder Gesüßtes nicht mögen und darum theoretisch dünner sein müssten als Non-Taster. Diese Theorie hat sich bislang aber nicht bestätigen lassen.

Doch trotz dieser erblichen Veranlagung können Verhaltensweisen und Vorlieben auch trainiert bzw. verändert werden. Dies ist den meisten von uns in der Kindheit widerfahren. Entweder durch Ausübung von Druck, was eher zu einer weiteren Ablehnung bestimmter Speisen führte, oder durch das Erzeugen von Neugier, was letztlich meist Erfolg brachte.

Das Umfeld spielt im Zusammenhang mit unseren Vorlieben eine erhebliche Rolle. Hier ist es wiederum ein Unterschied, ob wir im hohen Norden oder sonnigen Süden leben – andere Länder, andere Sitten. Der Griff zu fett- und zuckerhaltigen Speisen nimmt gen Norden immer mehr zu, da die kälteren Temperaturen häufig nach dieser Art von Nahrung verlangen lassen.

Ist eine Führungskraft längere Zeit im Ausland beschäftigt oder auch nur für Geschäftsreisen in verschiedenen Ländern unterwegs, kann sich das Essverhalten durchaus mit der jeweiligen Region verändern. Was auch gut ist. Denn während zu Hause im deutschen Büro mittags eher eine warme Mahlzeit, die auch möglichst üppig ausfällt, über den Nachmittag rettet, kann das bei einem Geschäftstermin in Sevilla ganz anders aussehen. Hier ist mittags möglicherweise durch die Hitze überhaupt kein Appetit vorhanden. Eine kalte Gazpacho reicht dann eventuell vollkommen aus, um sich zufrieden und gesättigt zu fühlen. Erst in den späteren Abendstunden folgt dann die größere Hauptmahlzeit.

Wer sich allerdings von alten Mustern lösen möchte, die von den Eltern in der Kindheit angelegt wurden, muss sich ein wenig bemühen und Geduld mitbringen. Dieses Essverhalten ist über viele Jahre aufgebaut und verfestigt worden. Nicht alles hiervon ist sinnvoll oder bereitet Freude.

Warum eigentlich nur drei große Mahlzeiten am Tag, wenn ich doch zwischendurch auch Hunger habe? „Es wird nichts zwischendurch gegessen" – das kennen wir wahrscheinlich noch von früher. Für viele ist es aber kein gangbarer Weg. Hier kommt es darauf an, sich mit sich selbst zu beschäftigen. Knurrt mein Magen nach zwei, drei oder erst nach fünf Stunden? Was tut mir gut – eher etwas Herzhaftes, Energiedichtes oder ist es einfach ein Apfel, der bei mir länger vorhält?

Mit der Zeit werden die Bedürfnisse immer stärker erkannt und sollten auch berücksichtigt werden. Nicht alles, was wir aus der Vergangenheit kennen und seither befolgen, ist der Weisheit letzter Schluss. Rituale, Gewohnheiten und Muster, die einengen und behindern, sollten hinterfragt und möglicherweise beseitigt, korrigiert oder ergänzt werden. Erst dann können in der Kindheit angelegte Hindernisse für die individuell passende Nahrungsaufnahme zu „erwachsenem" Essverhalten und damit zusammenhängendem Wohlbefinden führen.

5.3 Natürliche und wirkungsvolle „Notfallmaßnahmen"

Führungskräfte erleben zahlreiche Situationen, in denen sie an ihre Grenzen gebracht werden und streckenweise stark gefordert sind. Das geht mit allerlei „Nebenwirkungen" und Folgen einher, die ihre Arbeit negativ beeinflussen können. In vielen Fällen wissen die Betroffenen sogar, woran es liegt, beispielsweise langes Verweilen in klimatisierten oder stickigen Meetingräumen, Messehallen und Tagungszentren mit wenig natürlicher Atmosphäre, hektische Abfolge von Terminen oder viel zu kurze Zeit zum Verweilen bzw. Pausieren.

Es wird nicht komplett zu vermeiden sein, aber es gibt in solchen Momenten ein paar Maßnahmen, um vorzubeugen bzw. bereits eingetretene Ausfallerscheinungen zu mildern oder ganz zu beheben. Und das auch ganz ohne konventionelle Medikation oder Chemiekeulen. Ein paar altbewährte Hausmittel bzw. natürliche Heilmethoden können schnell für Abhilfe sorgen und das körperliche Wohlbefinden unterstützen. Ein paar klassische Beschwerden im Führungsalltag kommen hier zum Tragen. Wie sie am besten beseitigt bzw. gelindert werden können, wird im Folgenden erläutert.

Kopfschmerz

Beim ersten Anflug hilft stilles **Wasser**. Am besten etwa zwei große Gläser, die zügig ausgetrunken werden. Die Chinesen schwören auf heißes Wasser, das sowohl vorbeugend als auch bei bereits anklingendem Kopfschmerz für Erleichterung sorgt. Spannungskopfschmerz wird am besten mit **Pfefferminzöl** bekämpft, das in die Schläfen einmassiert wird. Es wirkt schnell und zuverlässig, so dass es in mancher Situation einer herkömmlichen Kopfschmerztablette in seiner Wirkung ähnelt, wenn nicht gar übertrifft. Wer gerade keinen Termin hat, kann auch **abgeriebene Zitronenschale** oder einen Teelöffel **mit Wasser vermengten Zimt** auf die Stirn auftragen. Beides ist äußerst schmerzlindernd und wirkt sofort. Manchmal sind auch Verspannungen im Schulter-Nacken-Bereich Ursache für Kopfschmerzen. Hier hilft es, die Schultern bewusst nach unten zu ziehen, den Kopf auf die Brust sinken zu lassen und mehrmals langsam nach links und rechts zu bewegen. Bei chronischer Verspannung sind **Massagen** ein geeignetes Hilfsmittel. Hier können durch Haltungsschäden, Stress und sportliche Fehlbewegungen aufgebaute Spannungen beseitigt werden.

Völlegefühl

Wer sich nach einer Mahlzeit vollgegessen fühlt, ist schlapp, der Magen drückt aufs Herz und schnürt die Luft ab. **Langsames Essen** ist die erste Regel, die es einzuhalten gilt. Appetit und Hunger sind oft längst gestillt, das Sättigungsgefühl hingegen setzt erst später ein. Wer **Kümmel** oder **Fenchel** mag, ist gut beraten, diese bei möglichst vielen Speisen einzusetzen. Bitterstoffe aus **Artischocken, Chicoree** oder **Radicchio** sowie **Thymian** oder **Rosmarin** als Gewürzkräuter sind gute Hilfsmittel, um ein Völlegefühl effektiv zu vermeiden. In einem Glas Wasser aufgelöstes **Natron** sorgt für schnelle Hilfe, falls das Völlegefühl sich schon eingestellt hat – übrigens auch bei Sodbrennen. Kombiniert mit einem kurzen Verdauungsspaziergang kann dies Wunder bewirken.

Schwitzen

In zahlreichen Situationen ist übermäßiges Schwitzen störend, daher lohnt es sich, hier auf ein altbewährtes Heilmittel zurückzugreifen, das allerdings seinen Effekt nur bei kontinuierlicher Anwendung entfaltet: Salbei. Wer es sich zur Gewohnheit macht, morgens zwei Beutel **Salbeitee** mit heißem Wasser 10 min abgedeckt – sonst entweichen die ätherischen Öle – ziehen zu lassen, wird schnell einen Effekt spüren. Bereits nach zwei- bis dreimaligem Trinken ist Salbeitee wirksam. Noch besser ist es, frische Salbeiblätter für den Tee zu verwenden. Die getrockneten Blätter in Beuteln sind aber ebenfalls hilfreich und als Alternative durchaus empfehlenswert.

Übelkeit

Leider kommt es von Zeit zu Zeit vor, dass einem flau im Magen ist und die Knie wackelig sind. Manchmal muss sogar ein Drang zu würgen oder sich gar zu übergeben unterdrückt werden. Wer zügig die Hälfte einer **frischen Zitrone** auslutschen kann, wird sofort Besserung verspüren. Auch ein **gesüßter Pfefferminztee** beruhigt schnell. Dünne Scheiben **Ingwer mit heißem Wasser** übergießen, das hilft nach zehn Minuten Ziehzeit und in kleinen Schlucken getrunken äußerst wirkungsvoll. Gedämpfter **Fenchel** und passierte, gesalzene **Möhren** beruhigen den Würgreiz ebenso wie eine **Hühnerbrühe**. Was die beste Wirkung tut, sollte in entsprechenden Situationen getestet und als probates Mittel beibehalten werden.

Stressbedingte Nervosität/Herzrasen/Unruhe

Die meist stress- und umweltbedingte Nervosität kennt jede Führungskraft hin und wieder. Statt Beruhigungsmittel mit schwerwiegenden Nebenwirkungen einzunehmen, kann auf einige Hausmittel zurückgegriffen werden. Erste Hilfe bei Herzrasen bietet ein Glas **kaltes Wasser**. Durch die Kälte wird nicht nur die Speiseröhre, sondern auch das umliegende Gewebe gekühlt und dadurch der „Ruhenerv" Parasympathikus stimuliert. Er reagiert direkt auf die Kälteempfindung und senkt die Herzfrequenz. Mehrfaches **intensives Ein- und Ausatmen** unterstützt den Abbau des Drucks im Brustraum und hat dieselbe Wirkung. Magnesiumreiche Nahrungsmittel wie **Pellkartoffeln, Walnüsse** oder **Trockenfrüchte** wirken ebenfalls beruhigend auf die Nerven und somit der Unruhe entgegen. Auch **Banane** oder ein Teelöffel **Honig**, den man langsam im Mund zergehen lässt, sind gute Erste-Hilfe-Maßnahmen. **Buttermilch** oder zwei **geriebene Mandeln in einem Glas warmer Milch** können ebenfalls beruhigen. Immer wieder kleine **Pausen** einzulegen und den Blick einfach einmal ins Grüne schweifen zu lassen oder regelmäßige **sportliche Aktivitäten** sind das beste Mittel gegen Nervosität. Wer gelegentlich unter leichten Herzbeschwerden leidet, kann auch mehrmals täglich eine Tasse **Weißdorn-Tee** trinken.

Lampenfieber

Beim Lampenfieber treten einige Reaktionen spontan ein, die wir kaum beeinflussen können. Die Nebenniere produziert Adrenalin, das ins Blut abgegeben wird. Höherer Herzschlag, Muskelanspannung (auch des Stimm- und Atemapparats) und eine Blockade der Denkleistung setzen ein. Auch sind schnellere Reaktionen und eine höhere muskuläre Leistungsfähigkeit zu beobachten. Um das Lampenfieber in den Griff zu bekommen, ist herzaktivierende Bewegung hilfreich, denn die dabei ausgeschütteten Endorphine beruhigen. Doch auch **dunkle Schokolade**, deren Inhaltsstoffe die Aufmerksamkeit schärfen, und ein **saurer Apfel**, der die Speichelproduktion anregt, können helfen. Eine weitere Akutmaßnahme ist **Wasser mit einem Schuss Zitrone**, wodurch die Schleimbildung im Mund gehemmt wird. Last but not least ist auch wieder der schon genannte **Salbeitee** wirkungsvoll, da er die Schweißbildung positiv beeinflusst und damit der Nervosität entgegenwirkt.

Erste Erkältungssymptome

Führungskräfte stehen häufig unter großer Anspannung, was ihr Immunsystem anfällig macht. Um gerade in der kalten Jahreszeit Erkältungssymptomen, aber auch in den schönen Monaten einer Sommergrippe vorzubeugen, kann die Immunabwehr neben **moderater Bewegung** und **genügend Schlaf** auch durch **ausgewogene Ernährung** gestärkt werden. So hilft **Zink, das in Fleisch, Milch und Käse** vorkommt, die Immunzellen zu aktivieren. Vitamin C ist bei Experten umstritten, aber die meisten Studien kommen zu dem Ergebnis, dass es einer Erkältung zwar nicht vorbeugt, aber die Schwere der Erkrankung positiv beeinflussen kann. **Vitamin C-reiche Lebensmittel sind Zitrusfrüchte, Kohlsorten oder Paprika**. Auch **Gemüse wie Spargel, rote Beete und Karotten** mit den darin enthaltenen Saponinen wirken positiv auf die Darmflora und können dadurch große Teile des Immunsystems stärken. Hilfreiche Spurenelemente und Nährstoffe, die wie natürliche Antibiotika wirken, sind in **Kapuzinerkresse, Knoblauch, Meerrettich, Gartenkresse, Zwiebel oder Radieschen** enthalten.

Hangover

Rebellierender Magen durch gereizte Magenschleimhäute, eine trockene Mundhöhle und ein schmerzender Schädel durch die beim Alkoholabbau produzierten Stoffe sind Begleitsymptome eines „Katers", der nach einem langen Abend im Anschluss an eine Sitzung auftreten kann. Nicht selten ist dabei möglicherweise zu viel Alkohol getrunken worden – aktives oder passives Rauchen tut sein Übriges. Pro Stunde ist der Körper in der Lage, eine Alkoholeinheit, also in etwa ein kleines Bier, abzubauen. Alles, was darüber hinaus geht, kann negativ wirken. **Begleitend zu jedem Glas Alkohol ein Glas Mineralwasser zu trinken**, beugt alkoholbedingter Dehydration sowie einem Elektrolytverlust vor. Das ist bereits eine erste Maßnahme, die während eines ausgedehnten Abendprogramms angebracht ist. Am Morgen danach hilft ebenfalls **genügend Flüssigkeitszufuhr**. Neben Wasser wirken auch **ausgepresste Säfte** positiv, die durch die enthaltenen Vitamine eine heilende

Wirkung haben. **Frisches Obst** – besonders Bananen – und **eiweißhaltige Lebensmittel** gleichen die verlorenen Elektrolyte aus und sorgen für einen Energieschub.

5.4 Andere Länder, andere Sitten

Das Thema dieses Kapitels wurde bereits im Vorhergehenden teilweise angerissen, soll an dieser Stelle aber ein wenig größeres Augenmerk erfahren und anhand unterschiedlicher Regionen erläutert werden.

Geschäftsessen in Südeuropa

Dem gemeinsamen Essen kommt in Südeuropa eine große Bedeutung zu und ist Teil der kulturellen Identität. Daher sollten während der Mittagszeit auch keine Termine vereinbart werden – es sei denn, man verabredet sich zum Geschäftsessen.

In **Italien** ist die Einladung zum Pranzo Mittelpunkt der Gastfreundschaft, wofür etwa zwei bis drei Stunden Zeit eingeplant werden sollten. Geschenke unter Geschäftsfreunden sind gern gesehen, als Dank für eine Einladung empfehlen sich etwa Blumen, die auch schon vor dem Essen geliefert werden können. Korrekte und sehr elegante Kleidung macht Eindruck, auf modisch-stilvolle Garderobe legt man besonders im Norden Italiens und in den italienischen Großstädten Wert. Bei den Themen ist das Geschäftliche nicht alles, worum sich das Gespräch drehen sollte. Die Familie spielt grundsätzlich eine große Rolle, deshalb ist es bei Geschäftsessen üblich, z. B. auch von der Familie zu erzählen.

In **Spanien** gehen die Uhren im Geschäftsleben anders als in Deutschland: Man hält Mittagspause von 13.30 und 15.30 Uhr und arbeitet dann bis 22 Uhr. Danach ist das Abendessen angesetzt, was durchaus auch einmal bis nach Mitternacht dauern kann. Dafür geht es am nächsten Morgen erst später als in Deutschland, nämlich erst gegen 9:30 Uhr los. Pünktlichkeit bei Geschäftsterminen ist entscheidend – auch wenn es im Privatleben häufig üblich ist, eine halbe bis eine Stunde später als verabredet zu erscheinen. Im Geschäftsleben sollte es so sein, dass die Partner aus Höflichkeit und Respekt gegenüber dem Gastgeber und den anderen Gästen pünktlich erscheinen. Die geschäftliche Garderobe ist konservativ und in jedem Fall dunkel. Wie in Italien ist die Familie von großer Bedeutung und es gilt auch unter Geschäftspartnern als höfliche Geste, sich nach ihr zu erkundigen.

Nordeuropäische Essensgepflogenheiten

Termine sollten absolut pünktlich wahrgenommen werden. Das Wochenende ist für Geschäftliches absolut tabu. Nicht gern gesehen werden Termine nach Büroschluss gegen 16 Uhr sowie in den Urlaubsmonaten Juli und August. Wer sich zum Geschäftsessen verabredet, ist in Nordeuropa meist bereits nach kurzer Zeit beim „Wesentlichen". Nicht selten werden während eines einstündigen Essens bereits die entscheidenden Eckdaten festgelegt oder es kommt nach dieser Zeit sogar schon zum Geschäftsabschluss.

Die **finnische** Esskultur ist eine Mischung aus europäischen, skandinavischen und östlichen Elementen, die Tischsitten sind rein europäisch. Zu Mittag wird relativ früh zwischen 11 und 13 Uhr gegessen. Gewöhnlich dauert die Mittagspause weniger als eine Stunde. Die früher in der Geschäftswelt üblichen ausgedehnten Mittagessen haben sich auf anderthalb bis zwei Stunden verkürzt. Bereits ab ca. 18 Uhr wird zu Abend gegessen. Im Restaurant und bei einer privaten Einladung wird der Westeuropäer nur selten Speisen finden, die ihm völlig unbekannt sind. Die einst ziemlich schwere und fetthaltige Kost der Finnen ist im Zuge des gewachsenen Gesundheitsbewusstseins deutlich leichter geworden, bessere Restaurants gehen ohne Probleme auf Sonderwünsche ein. Am Abend begleiten Bier und Wein das Essen, wohingegen beim Mittagessen heutzutage fast gar nichts Alkoholisches getrunken wird.

Geschäftsessen finden **in Schweden** üblicherweise in Restaurants und nicht im privaten Umfeld statt. Der Gastgeber trinkt zuerst und lädt dann die Geschäftsfreunde zum Anstoßen ein. Bei einer Gegeneinladung sollte ein vornehmes Lokal gewählt werden – Ehepartner werden häufig mit eingeladen. Verhandlungen in Schweden sind oft lang, daher sollte ausreichend Zeit bei der Terminplanung eingerechnet werden. Es gibt nicht die Kultur des „Feilschens", wie es in Süd- und Osteuropa eher der Fall ist, so dass von Beginn an ein fairer Preis geboten werden sollte, von dem kaum abgewichen wird. Nach dem Essen hält der Ehrengast eine Dankesrede, gemeinsame Zeit an der Bar muss also eingeplant werden. Allerdings sollte der Abend maximal bis Mitternacht dauern. Am nächsten Tag ist es üblich, sich nochmals telefonisch für die Einladung zu bedanken.

Geschäftliche Essenstermine in Westeuropa

Ausgedehnte Geschäftsessen liegen den **Franzosen**, dabei wollen sie ihre Partner auch persönlich kennenlernen. Der geschäftliche Part folgt also deshalb besser nach der Mahlzeit. So können sich die Gäste dem Essen, das oft aus mehreren Gängen besteht, gemeinsam mit großem Genuss und in Ruhe widmen. Die Geschäftsgarderobe ist formell und dunkel, etwas legerer darf es nach Büroschluss sein. Für ein Gastgeschenk empfiehlt es sich, dies schon am Morgen des Termins an den Gastgeber zu schicken. Was die Themen während des Essens angeht, so ist die Wahrung der Privatsphäre oberstes Gebot. Wenn also nach Persönlichem gefragt wird, so sollte es hier nicht zu sehr in die Tiefe gehen und eher um sportliche Hobbys, Reisen oder kulturelle Vorlieben gehen. In Frankreich wird es übrigens sehr gern gesehen, wenn die Landessprache beherrscht wird. Punkten können Gesprächspartner auch mit Kenntnissen über die Kultur der Franzosen und deren Bedeutung, die es nicht anzuzweifeln gilt. Geschäftstermine und Essensverabredungen im Juli und August bieten sich wegen der Ferienzeit nicht an.

Beim Geschäftsessen in **Großbritannien** wird wie bei anderen Situationen im beruflichen Alltag viel Wert auf Höflichkeit gelegt. Direkter Widerspruch und offene Kritik sollten also auch beim Essen vermieden werden. Den Löffel seitlich zu halten und nicht von vorne in den Mund zu führen, ist bei den Briten üblich. Lautstarkes Sprechen und extrovertiertes Verhalten beim Geschäftsessen ist bei den stets die Contenance wahrenden Briten verpönt, wobei es am Ende des Essens durchaus üblich ist, einen Toast auf die Königin zu sprechen. Die Kleidung ist sehr konservativ und dezent, das gilt besonders für Frauen. Bei abendlichen Einladungen sollten keine Geschäftsthemen angesprochen werden. Blumen sind als Gastgeschenk unüblich, stattdessen wird eher Exklusives verschenkt.

Immer mehr im Kommen: China

Beim ersten Essen in China mit den chinesischen Geschäftspartnern sind manche Regeln ein wenig überraschend. Völlig unverblümt wird laut aufgestoßen, die Suppe geschlürft und Knorpel oder Knochenreste mit den Fingern aus dem Mund herausgenommen und wieder auf den Teller gelegt – oder sogar auf den Boden geworfen. Mit diesem Verhalten signalisieren Chinesen, dass das Essen mundet und äußern Zufriedenheit. Deutsche Tisch-Benimmregeln finden in China keinerlei Anwendung.

Um von Anfang an einen guten Eindruck zu machen, ist Pünktlichkeit natürlich besonders wichtig. Dann wird serviert – nach und nach werden die Gerichte auf dem häufig drehbaren Tisch platziert. Die Speisen sehen meist appetitlich aus, so dass man sich kaum vor spontanem Zugreifen schützen kann. Auch wenn die Stäbchen sich noch ungewohnt anfühlen zwischen den Fingern, die Gastgeber freuen sich, wenn es schmeckt, auch wenn das Procedere etwas ungelenk aussieht.

Ein Glas sollte immer voll sein. Deshalb wird der Gastgeber sofort nachschenken, sobald auch nur ein kleiner Schluck getrunken wurde. Egal ob Wasser, grüner

Tee, Bier oder Maotai (mehrfach gebrannter Hirse- und Weizen-Schnaps). Vorsicht bei Letztgenanntem – er schmeckt so, wie er riecht und kann schnell dazu führen, dass die Lust am Essen schwindet. Eine Runde auszulassen ist manchmal gar nicht so einfach, denn während des Essens werden häufig Lobreden auf Gäste gehalten, in deren Anschluss sich dann zugeprostet wird. „Ganbei" (Prost bzw. wörtlich übersetzt „trockenes Glas", also „auf Ex") heißt es dann – und das nicht nur einmal. Wer nicht mittrinkt, macht sich oft verdächtig, da die Vermutung besteht, dass er als nüchterner Tischgenosse die Kontrolle zu wahren sucht und sich als Beobachter unbeliebt macht.

Bei einigen Themen ist Zurückhaltung geboten: Auffassungen zum politischen China sollten nicht nur bei Geschäftsessen, sondern auch generell nicht zur Sprache kommen. Eine weitere Regel bei Geschäftsessen lautet: Kleine Geschenke erhalten die Freundschaft. Dieser Spruch ist in China weit verbreitet, und so sollte man zu einer Einladung nie mit leeren Händen erscheinen.

Literatur

Burger, Kathrin. 2010. Die Vanillisierung des Geschmacks. taz. Zugegriffen: 16. Juli 2010.

Iss regional und saisonal 6

Auftakt: Warum in die Ferne schweifen…

Wer in den 60er und 70er Jahren geboren wurde, wird sich noch daran erinnern, dass es in der Kindheit einige Obst- und Gemüsesorten nur zu bestimmten Jahreszeiten gab. Beispielsweise die Mandarinen. Kurz vor Weihnachten war es soweit und spätestens Anfang Februar war es dann wieder vorbei mit den leckeren, orangefarbenen Köstlichkeiten.

Oder Spargel, Erdbeeren und Kirschen…niemand wäre früher auf die Idee gekommen, diese im Winter kaufen zu wollen. Spargel aus Chile? Erdbeeren aus Südspanien? Das ist heute kein Problem mehr, so dass jede (ehemalige) Saisonware mittlerweile zu allen Jahreszeiten bei uns erhältlich ist.

Die Globalisierung der Märkte ermöglicht uns den ganzjährigen Einkauf von Obst und Gemüse. Der Import von Lebensmitteln, die auf der Südhalbkugel der Erde erzeugt werden, lässt uns das Wissen „was wächst wann" vergessen. Die Erdbeeren zu Weihnachten oder der Spargel im März sind jedoch nicht die beste Wahl, denn fern gelegene Herkunftsorte, fehlender bzw. mangelhafter Geschmack und mögliche Rückstände sollten Grund genug sein, etwas kritischer mit den weit transportierten Lebensmitteln umzugehen.

Der Einkauf von saisonalen und regionalen Produkten bedeutet, bei frischem Obst und Gemüse solche Arten auszuwählen, die in unserer Klimazone während der aktuellen Saison ausreifen können. Das macht sich in vielerlei Hinsicht schnell bei uns bemerkbar. In punkto Gesundheitsförderung, Wirtschaftlichkeit und Umweltverträglichkeit sprechen viele Gründe dafür, sich an Saison und Region zu orientieren.

Das ist heutzutage gar nicht mehr so einfach, da wir nicht mehr genau wissen, was zu welcher Zeit Saison hat. Doch mit ein wenig Beschäftigung hiermit ist dieses fehlende Wissen schnell wieder hergestellt. Es kostet ein wenig Interesse und Mühe, aber gesundheitliche Vorteile, mehr Genuss und ein größeres Wohlbefinden werden sich schon nach kurzem einstellen.

Selbst bei einem engen Terminkalender lohnt es sich, dieses Thema nicht zu vernachlässigen. Erst mit einem gut funktionierenden Organismus können Hochleistungen erzielt werden. Über lange Zeit und mit gutem Gewissen gegenüber Gesellschaft und Umwelt. Es dient nicht nur dem eigenen Wohl, sondern hat auch Vorbildcharakter für Mitarbeiter und Team. Die Außenwirkung ist in diesem Falle zwar nicht das Entscheidende, aber ein schöner Nebeneffekt, um auch gesellschaftliche und ökologische Verantwortung zu zeigen.

In den nächsten Abschnitten wird also zunächst die Konzentration auf die Region eine Rolle spielen. Stichwort: Wochen- statt Weltmarkt. Danach kommt die Vielfalt der Produkte in den einzelnen Jahreszeiten zum Tragen. Hier kann ein Saisonkalender hilfreich sein, um größten gesundheitlichen Nutzen aus den Lebensmitteln zu ziehen. Um diese Faktoren bei der Ernährung berücksichtigen zu können, werden im letzten Teil dieses Gebots praktische Tipps gegeben, wie eine nachhaltige Ernährung mit positiven Auswirkungen angegangen werden kann. Es erfordert zunächst ein Umdenken bei der täglichen Nahrungsaufnahme, wird sich jedoch nach kurzer Zeit fast automatisch und ohne viel Aufwand in den jeweiligen Tagesablauf integrieren lassen.

6.1 Das Beste ist vor der Haustür

Die „Sektion Ernährungsberatung" einzelner Bundesländer (wie beispielsweise Rheinland-Pfalz) gibt schon sehr gute Hinweise darauf, warum die Gesundheit gestärkt und Schaden abgewendet wird, wenn regionale Produkte im Führungsalltag auf den Teller kommen.

Geschmack und Genuss

Im optimalen Reifezustand geerntete Ware weist den höchsten Gehalt an Vitaminen und Nährstoffen auf. Einige dieser Stoffe bilden sich erst voll aus, wenn die Pflanzen ausreichend Tages- und Sonnenlicht bekommen. Ein höherer Gehalt an Vitalstoffen kann erreicht werden. Bei Freilandtomaten aus der Region wurde gegenüber Tomaten aus dem Gewächshaus beispielsweise ein um ein Drittel höherer Vitamin C-Gehalt festgestellt.

Geschmack und Genuss sind erst bei ausgereifter Ware optimal, denn bei zu früher Ernte nicht nachreifender Früchte wie Erdbeeren, Kirschen oder Trauben kann sich das typische Aroma nicht voll entwickeln.

Damit unser Körper mit all den unterschiedlichen sekundären Pflanzenstoffen versorgt wird, ist abwechslungsreiche Ernährung angesagt. Am besten orientiert man sich daher am wechselnden Obst- und Gemüseangebot der jeweiligen Saison.

Schadstoff- und Umweltbelastung bei nicht-regionalen Produkten

Weitere Aspekte kommen hinzu, die den Körper beeinträchtigen können. Treibhausgemüse hat einen höheren Nitratgehalt als Gemüse, das im Freiland aus der Region geerntet wird. Blattgemüse wie Spinat und Salat sowie Speicherknollen wie Kohlrabi, Radieschen oder Rettich akkumulieren Nitrate besonders gut. Das übermäßig konsumierte Nitrat ist für den Organismus jedoch nicht förderlich.

Hohe Dosen führen zu einer verstärkten Durchblutung, vor allem der Herzkranzgefäße. Daher wurde es früher als Medikament für Durchblutungsstörungen verwendet, bis bessere Medikamente auf den Markt kamen. Die Wirkung beruht auf einer Umwandlung im Körper von Nitrat zu Stickstoffmonoxid. Es beeinflusst eine Vielzahl von gesundheitlich relevanten Körperfunktionen, wie z. B. Gefäßerweiterung und Immunfunktion. Nitrat konkurriert in der Resorption mit Iodid, es kann daher in großer Menge die vom Körper aufgenommene Jodmenge herabsetzen.

Bei diversen Untersuchungen auf Rückstände von Pflanzenschutzmitteln stellte sich heraus, dass die am meisten und mehrfach belasteten Waren aus dem Ausland stammen, wie u. a. Hessens ehemalige Umweltministerin Silke Lautenschläger 2010 gegenüber dem Hessischen Rundfunk bestätigte. Verunreinigungen habe es vor allem bei Bohnen gegeben, aber auch bei Gurken, Basilikum, Okra und Koriander, wo die importierten Gemüse und Kräuter den von der EU festgesetzten Grenzwert um ein Vielfaches überschritten. Ähnliches vermutet man auch bei Erdbeeren, Weintrauben und Tomaten sowie Paprika, bei deren Proben gravierende Höchstmengenüberschreitungen sowie eine hohe Anzahl an Mehrfachrückständen von bis zu drei verschiedenen Insektiziden festgestellt wurden.

Bei gleichen Produktionsbedingungen sind regional erzeugte Lebensmittel auch ökologisch immer vorteilhafter, da weite Transporte vermieden werden, die Energie kosten und Treibhausgasemissionen verursachen. So benötigt z. B. der Transport von Äpfeln per Schiff aus Chile zwölfmal mehr Energie als die Beförderung heimischer Ware.

Extrem schädlich ist der Transport per Flugzeug: Bei der Luftfracht liegt der Energieverbrauch um ein Vielfaches (bis zu 520-mal) höher als beim Bodentransport. Selbst gekühlt eingelagerte Äpfel aus der Region sind Überseeimporten eindeutig vorzuziehen. Bei gleichen Produktionsbedingungen sind regional erzeugte Lebensmittel immer vorteilhafter, da Transporte vermieden werden, die Energie kosten und Treibhausgasemissionen verursachen.

Es sei ergänzt, dass kurze Transportwege vor allem die Nährstoffverluste minimieren. Erdbeeren büßen schon kurze Zeit nach der Ernte Vitamin C ein, ebenso wie Duft und Aroma.

Außerdem kommen Feldfrüchte aus der Region mit einem Minimum an Wasser aus. Sie müssen nicht in Trockengebieten wie Südspanien oder Marokko mit Bewässerungssystemen angebaut werden. Die Bewässerungssysteme in unseren Breitengraden sind oft sehr gut durchdacht und über lange Jahre bewährt. So verwenden hiesige Bauern u. a. Regenwasser, das gesammelt wird, oder sie finden Systeme, um Wasser möglichst energiesparend auf ihre Felder und Äcker zu bringen. Eine Bemühung, die es sich lohnt zu unterstützen.

Gesellschaftliche Aspekte

Wer sich als Führungskraft seiner gesellschaftlichen Verantwortung bewusst ist, wird dies als wertvollen Hinweis nehmen, um sich künftig mehr mit den guten Produkten aus heimischen Gefilden zu beschäftigen. Das ist einerseits für sich selbst und andererseits für die damit verbundene Vorbildfunktion von Interesse. Wer die Möglichkeit hat, Einfluss auf die Betriebsrestaurants und Kantinen zu üben, der kann sich hier engagieren bzw. einen guten Namen machen.

Es gibt immer mehr Anbieter, die Firmen Produkte aus der Region anbieten. Es ist zunächst mit etwas mehr Recherche für die Küchenchefs verbunden, die sich vorher eventuell von einem einzelnen Anbieter haben beliefern lassen. Convenience-Produkte spielen in vielen Kantinen eine Rolle, was jedoch auf lange Sicht teurer und wenig nachhaltig ist. Die Mitarbeiter spüren mit der zunehmenden Beschränkung auf Fertigprodukte die Auswirkungen auf ihre Gesundheit und damit auf ihre Arbeitsleistung. Je mehr frische Zutaten verwendet werden, desto besser sind Geschmack und Bekömmlichkeit.

Ein verantwortungsbewusster Chef wird sich also mit den für die Küche verantwortlichen Mitarbeitern abstimmen, um sich für eine optimierte und überwiegend regional ausgerichtete Ernährung einzusetzen. Eine solche Maßnahme findet in der Regel große Wertschätzung und wirkt sich positiv auf das Wohlbefinden von Mitarbeitern sowie die eigene gesündere Lebensweise aus.

Gesundheitlicher Nutzen

Selbstverständlich stehen nicht nur der soziale und umweltbezogene Aspekt im Fokus. Auch in punkto Gesundheit hat sich gezeigt, dass die regionale Ausrichtung von großem Vorteil ist.

Es geht hierbei nicht nur um heimische Obst- und Gemüsesorten, die meist mit weniger Pestiziden belastet sind, sondern auch um Fleisch. Um den Kauf von minderwertigem Fleisch zu vermeiden, raten Verbraucherschützer, vorrangig Ware von regionalen Anbietern zu kaufen. Etiketten mit Informationen über Herkunft und Inhaltsstoffe geben Aufschluss über die Fleischqualität.

Bereits beim Einkauf kann einiges getan werden, um sich vor bedenklichen Fleischprodukten zu schützen. So raten beispielsweise die Verbraucherzentralen, sich vor allem auf seine persönliche Einschätzung zu verlassen. Durch ein wenig Beschäftigung mit dem Thema und daraus resultierender Erfahrung kann man schon relativ genau erkennen, welches Fleisch sich gut zum Verzehr eignet und welches eher liegen gelassen werden sollte.

Auch regionale Markenfleischprogramme schützen vor schädlichen Wirkungen, die bei Fleisch von einem entfernten Anbieter ein Risiko darstellen können. Ernährungsexperten sehen in den Initiativen regionaler Anbieter eine der wenigen Möglichkeiten, sicher zu erfahren, von woher eine bestimmte Ware stammt. Es dient dem Schutz der eigenen Gesundheit, da die Quelle von Fleisch immer ein verlässlicher Hinweis dafür sein kann, welche Risiken der Verzehr dieses Produkts für den Verbraucher birgt.

Eigentlich wissen wir, dass ein frischer Apfel von einer heimischen Wiese besser schmeckt als ein aus der Ferne importierter, aber Letzterer liegt nun mal im Sechserpack beim Supermarkt verbraucherfreundlich verpackt und dieses praktische Angebot lässt uns zugreifen.

Gegen diese Art von Bequemlichkeit bei Auswahl und Zubereitung des Essens wendet sich die Vereinigung **Slow Food.** Statt möglichst schnell und einfach unseren Hunger zu befriedigen, sollten wir uns die nötige Zeit nehmen, regionale, saisonale und dadurch mit wertvollen Inhaltsstoffen ausgestattete Produkte bewusst auszuwählen und zuzubereiten. Bewusster Einkauf ist aber nicht nur gut fürs Befinden, sondern hilft auch, die regionale Landwirtschaft zu fördern und heimische Arten zu erhalten. Diese Arten sind oft robuster und benötigen daher weniger künstliche Mittel oder Pestizide, um sie zu pflegen. Ein wesentlicher gesundheitlicher Aspekt, auf den es für eine gute Ernährung zu achten gilt und der für unser ganzheitliches Wohlbefinden nicht zu unterschätzen ist.

Einige Restaurants haben sich mittlerweile den Grundsätzen von Slow Food verschrieben und pflegen die Kochkultur ihrer Region. Bäckereien backen Brot ohne Zusatzstoffe oder Geschmacksverstärker und Winzer bauen alte Rebsorten an, statt den neuesten Trends hinterher zu jagen.

Es gibt Slow Food Messen in zahlreichen Städten und andere Aktionen der Bewegung für Slow Food – darüber informieren die regionalen Slow Food Gruppen. Dort versammeln sich bewusste Genießer und aufgeklärte Konsumenten, welche die Kultur des Essens und Trinkens pflegen und lebendig halten. Eine gute Gesellschaft, auch für Führungskräfte, die gerne bewusst leben und sich gesellschaftlich auch über das Thema Essen engagieren wollen.

6.2 Immer anders – das ganze Jahr über

Saisonale Produkte sind immer eine gute Wahl und sorgen darüber hinaus während des ganzen Jahres für Abwechslung. Warum? Das ist sehr schnell und einfach erklärt. Der **Geschmack** ist durch den Einfluss von Luft und Sonne im Freiland besser, der **Nährstoffgehalt** wegen der vollständigen Ausreifung höher, kurze Transportwege verbessern die **Ökobilanz** und sie enthalten **weniger Schadstoffe** und Pestizid-Rückstände. In der Regel kommt noch hinzu, dass die heimischen Produkte, die in der Saison gekauft werden, oftmals **günstiger** sind als importierte Waren.

Meist ist uns jedoch gar nicht mehr klar, welche Produkte wann Saison haben, da mittlerweile fast alle Obst- und Gemüsesorten ganzjährig verfügbar sind. Gemüse und Obst aus beheizten Treibhäusern und Folientunneln setzen bis zu dreißigmal mehr Treibhausgase pro Kilogramm frei als im Freiland angebaute. Wer beim Einkauf saisonale Produkte aus dem Freiland bevorzugt, hilft Schadstoffemissionen zu vermeiden und fossile Energie einzusparen. Statt „alles zu jeder Zeit" setzen verantwortungsbewusste Verbraucher auf „saisonal und frisch".

Einige glückliche Genießer wissen noch, wie intensiv aromatisch reife, frisch geerntete Tomaten schmecken. Tomaten, die unreif gepflückt und lange transportiert werden, sind bei weitem nicht so schmackhaft. Saisonale, regionale Früchte und Gemüse können auf dem Feld ausreifen. Deshalb schmecken sie meist besser und sind reicher an lebensnotwendigen und gesundheitsfördernden Substanzen.

Um den Einkauf saisonaler Produkte zu ermöglichen, reicht es meist schon, auf dem Wochenmarkt nach heimischen Anbietern oder Bauern aus der Region zu schauen. Selbst wenn die Standbetreiber nicht aus der Region kommen, so helfen einige Attribute bei der Auswahl. **Marken wie demeter, Bioland oder Naturland**, um nur einige Beispiele zu nennen, sind namhafte Vertreter und stehen dafür ein, dass Transparenz und nachhaltige Landwirtschaft als wesentliche Prinzipien für den Anbau und die Lebensmittelherstellung gelten.

Die Anbaumethoden wirken sich positiv auf die Gesundheit aus, weil weniger Schadstoffe durch die Nahrungsaufnahme in den Körper gelangen. Daher begrenzt u. a. das Bio-Siegel auch Schadstoffe wie beispielsweise das Pilzbekämpfungsmittel Kupfer auf sechs Kilogramm je Hektar und Jahr. Kupfer kann sich in der Leber anreichern und in hoher Dosis Leberzirrhose verursachen. Je nach Verband variieren die Vorgaben für den Einsatz von natürlichen Pestiziden, wobei die meisten Bioerzeuger komplett auf deren Einsatz verzichten bzw. auf besondere Produktgruppen wie Obst, Wein, Hopfen oder Kartoffeln beschränken.

Bei Freilandprodukten ist der Pestizid-Einsatz meist generell geringer, da nur während der jeweiligen Saison angepflanzt und geerntet werden kann. Der Einfluss von Sonne, Luft und Boden ist während der einzelnen Jahreszeiten zumeist ideal für die einzelnen Obst- und Gemüsesorten, so dass die Verwendung von pflanzenerhaltenden oder schützenden Pestiziden auf ein Minimum beschränkt werden kann.

Um wieder auf den Geschmack saisonaler Produkte zu kommen, hilft es, sich bei den in der jeweiligen Jahreszeit angebauten Lebensmitteln auszukennen. Das macht die Auswahl leichter und sorgt bei der künftigen Verwendung für eine gesündere und damit leistungssteigernde Ernährung.

Frühling

Beispiele: Rhabarber, Spargel, Feldsalat, Tomaten

Bereits kurz nach der kalten Saison gibt es wieder zahlreiche Obst- und Gemüsesorten, die frisch erhältlich sind und **nicht aus Lagerhaltung** stammen. Dies sind relativ robuste Sorten, die während der jeweiligen Saison gut wachsen können und genau die richtigen Bedingungen vorfinden, um reich an Vitaminen und Nährstoffen zu sein. Spargel beispielsweise hat durch seine Eigenschaft, unterirdisch zu wachsen, gute Ausgangsvoraussetzungen, um auch an kälteren Tagen im Frühjahr gut zu überleben. Der Rhabarber ist von großen Blättern gut geschützt und kann harten Witterungsbedingungen widerstehen. Bei den Tomaten mag es zunächst verwunderlich erscheinen, dass diese eher im Frühjahr zu bevorzugen sind. So kennen wir doch mittlerweile alle möglichen Sorten und Größen, die das ganze Jahr über erhältlich sind. Doch nur während der Saison sind der einzigartige süße Geschmack reifer Tomaten sowie der würzige Duft des Grüns in einer Form zu genießen, die es zu anderen Jahreszeiten so nicht gibt. Ein Versuch lohnt sich in jedem Falle.

Sommer

Beispiele: Kirschen, Beeren, Aprikosen, Pfirsiche, Spinat, Gurken
Es ist tatsächlich etwas anderes, die Beeren in der Saison zu kaufen und macht sich gesundheitlich bemerkbar. Dies sei am Beispiel der Erdbeere dargestellt, wie stern online unter seiner Rubrik „Gesunde Ernährung" sinngemäß erläutert:
Damit Erdbeeren ein paar Wochen früher auf den Markt kommen, liegen in Spanien ganze Landstriche **unter Folie**. Das feuchtwarme Klima unter dem Plastik lässt allerdings auch Pilze gut gedeihen, deshalb behandeln die meisten Bauern ihre Früchte entsprechend stark mit Pflanzenschutzmitteln. Lebensmittelüberwachungsämter warnen daher regelmäßig vor den frühen Früchten. Sie enthalten meist enorme Rückstände dieser Substanzen. Oft liegen die Konzentrationen deutlich über den gesetzlichen Grenzwerten. Solche Erdbeeren können gesundheitlich bedenklich sein.

Herbst

Beispiele: Äpfel, Birnen, Brokkoli, Möhren
Anhand dieser Obst- und Gemüsesorten wird deutlich, was der Anbau im **Freiland** für einen Unterschied ausmachen kann. Auch noch nach dem Sommer, in dem naturgemäß die meisten Obst- und Gemüsearten aufgrund milder Witterungsbedingungen gut wachsen, gibt es zahlreiche Produkte, die durch herrliches Aroma und hohen Nährstoffgehalt punkten. Äpfel und Birnen sind mittlerweile zwar auch ganzjährig zu haben, aber wer diese einmal frisch vom Baum (bzw. Bauern auf dem Wochenmarkt) gekostet hat, wird Duft, Saftigkeit und Geschmack so schnell nicht mehr vergessen. Karotten, die immer verfügbar sind, laufen im Herbst zur Hochform auf. Süß und knackig haben sie eine völlig andere Textur und Aromen-Vielfalt als die gelagerte Ware bzw. Glashaus-Möhren. Ein wenig mehr Achtsamkeit ist hier angesagt, da wir den Sinn für gute Produkte mittlerweile schon fast verloren haben. Ihn jedoch wiederzubeleben, sei angeraten und wird sich auch schnell in punkto Genuss und Gesundheit bemerkbar machen.

Winter

Beispiele: Kohl, Wirsing, Rosenkohl, Schwarzwurzel
Unbedingt sollte Gemüse aus der jeweiligen Saison gegenüber den Sorten aus dem **Treibhaus** bzw. aus geschütztem Folienanbau bevorzugt werden. Hierzu

nochmals sinngemäß die gleiche Begründung aus stern online: Gemüse aus dem Treibhaus ist oft stärker mit Nitrat belastet als Pflanzen, die im Freien wachsen durften. Nitrate sind natürliche Mineralstoffe, die im Boden lagern. Sie dienen allen Pflanzen als Nährstoff, sind also harmlos. Gefährlich werden Nitrate aber, wenn das Gemüse gekocht wird. Dann wandelt sich Nitrat in gesundheitsschädliches Nitrit um. Nitrat kommt zwar natürlicherweise im Erdreich vor, die größte Menge gelangt jedoch über Düngemittel in die Pflanzen. Je weniger Licht im Treibhaus, desto langsamer bauen die Pflanzen den Stoff ab. Vor allem im Winter enthält Gemüse aus dem Gewächshaus darum viel Nitrat. Hat das Gemüse Saison, ist der Nitratgehalt wegen geringerer Düngung am niedrigsten.

6.3 Im Vorfeld planen, im Nachhinein profitieren

Ein besseres Gefühl für seine Nahrung zu entwickeln und auch darauf zu achten, wie und unter welchen Bedingungen Lebensmittel produziert werden, gehört zu einer verantwortungsvollen Ernährung unbedingt dazu. Zu wissen, was wann wächst und am besten schmeckt, ist ein Gewinn. Woher die verzehrten Lebensmittel stammen und diese möglichst aus der näheren Umgebung zu beziehen, ist ein weiteres Plus für die Gesundheit.

Es erfordert ein wenig Beschäftigung mit der Materie und Überlegungen, wie eine kraftfördernde und leistungssteigernde Ernährung erreicht werden kann. Das ist gerade für Führungskräfte elementar und für erfolgreiches Arbeiten notwendig.

Das bedeutet nicht, dass ab sofort jeden Tag ausschließlich regionale und saisonale Produkte gekauft und alles andere verschmäht werden muss. Das wäre auch realitätsfremd. Seinen Speiseplan durch importierte Ware zu ergänzen, ist völlig in Ordnung. Das sorgt für jene Vielfalt, die ebenfalls oft empfohlen wird. Aber wenn regionale Produkte erhältlich sind, sollte diesen unbedingt der Vorzug gegeben werden.

Wie jedoch kann man wissen, was zu welcher Jahreszeit wächst, und wo ist es am leichtesten zu erhalten? Wer es genau wissen möchte, der kann sich einen **Saisonkalender** im Internet herunterladen und erhält hier sehr gute Anregungen für seinen aktuellen Speiseplan. Hier wird genau beschrieben, welche Obst- und Gemüsesorten gerade frisch geerntet wurden und damit die beste Qualität und den höchsten Nährstoffgehalt haben.

Wer es noch leichter haben möchte, der kann auf dem **lokalen Wochenmarkt** die Stände von Landwirten und Bauern aus der Region aufsuchen. Hier gibt es nicht nur die jeweiligen Produkte der Saison, sondern meist auch Tipps zur Zubereitung oder Hinweise, wie Nährwerte bei der Verarbeitung am besten erhalten bleiben.

Meist ist offensichtlich, welche Marktstände und Anbieter hierfür geeignet sind. Wer sich jedoch unsicher ist, der sollte direkt vor Ort fragen, woher die Verkäufer und Waren kommen. Auch eine kurze Recherche im Internet, die meist gute Hinweise zum Betreiber eines Marktstandes liefert, gibt Aufschluss über die Herkunft.

Für Führungskräfte, die auch einmal mit ungewohnten regionalen Produkten experimentieren wollen, bietet sich auch ein **Lieferservice** an, der Obst und Gemüse im Abonnement nach Hause oder ins Büro bringt. Online kann unter Stichworten wie Gemüsekiste oder Obstkiste gesucht werden und als Ergebnis erscheinen die Lieferanten aus der jeweiligen Region bzw. nationale Anbieter mit Niederlassungen in den meisten Bundesländern. Hier wird je nach Wunsch wöchentlich, zweiwöchentlich oder monatlich eine Auswahl saisonaler Produkte zusammengestellt, die zum Teil aus neuen, altbekannten oder „vergessenen" Obst- und Gemüsesorten besteht. Hier ist Frische, Qualität und ein hoher Nährstoffgehalt in der Regel gesichert.

Natürlich ist es auch möglich, im **eigenen Supermarkt** nach regionalen und saisonalen Aspekten einzukaufen. In der Regel können die Marktleiter Auskunft über die jeweiligen Produkte geben. Fragen lohnt sich! Es gibt sogar solche, die Bestellungen für Fleisch, Gemüse oder Obst annehmen, wenn einmal besondere Wünsche bestehen. Eventuell dient dies sogar als Anregung, um generell das Sortiment regionaler auszurichten. Wer sich hier einsetzt, tut etwas für sich, und wird auch einen Großteil anderer Käufer zufrieden machen, was wiederum eine gesellschaftliche Verantwortung beweist. Und das sogar ohne großen Aufwand. Ein wenig Interesse für die angebotene Produktauswahl kombiniert mit sinnvollen und kreativen Anregungen für die Verkaufsverantwortlichen reichen schon aus, um künftig vor Ort besser einkaufen zu können.

Ein wesentlicher Aspekt, den Führungskräfte häufig vergessen, ist ihr Einfluss, den sie auf **Betriebsrestaurants und Kantinen** ausüben können. Wenn es noch Köche gibt, die das Essen vor Ort zubereiten, sollte es in der Regel unproblematisch sein, für regionale und saisonale Elemente in der Auswahl zu plädieren. Selbst wenn ein externer Anbieter die Menüs anliefert, können die jeweiligen Verantwortlichen in Küche und Restaurant in ihren Verhandlungen darauf hinweisen, dass lokale Produkte bevorzugt eingekauft werden. Hierauf können Führungskräfte die Fachverantwortlichen ansprechen und sich für mehr Transparenz und Klarheit bei der Lebensmittel- bzw. Menüauswahl von Lieferanten einsetzen.

Nicht zu vergessen sind die **Restaurants**, die im Regelfall für Geschäftsessen ausgewählt werden. Wenn es in der eigenen Hand liegt, den Ort für einen Lunch oder Dinner vorzuschlagen, so ist es durchaus angebracht, sich einmal von „Klassikern" zu lösen und bei Gelegenheit neue Restaurants aufzusuchen. Oft sind gute Gasthöfe vor Ort eine perfekte Alternative zu international renommierten „Places

6.3 Im Vorfeld planen, im Nachhinein profitieren

to be". Die von auswärts kommenden Geschäftsfreunde empfinden es eventuell sogar als angenehmer und interessanter, lokale Spezialitäten kennenzulernen, die vermehrt in kleineren, regional ausgerichteten Restaurants zu finden sind. Ein bisschen Recherche und Ausprobieren lohnt also und macht Spaß. Vereinigungen wie Slow Food können gute Empfehlungen geben.

Wer sich tatsächlich die Mühe macht, seine Lebensmittel vor Ort auszusuchen und bei Restaurants und Kantinen sein Augenmerk auf Regionales und Saisonales legt, wird sich schnell wohler und leistungsfähiger fühlen. Neben der besseren Bekömmlichkeit, der geringeren Schadstoffbelastung und dem größeren Genuss schlägt auch die gesellschaftliche Verantwortung zu Buche und sorgt für ein gutes Gewissen. Die sollte auf lange Sicht nicht nur unter Aspekten der Außenwirkung der eigenen Handlungen gesehen werden, sondern dem eigenen Wohlbefinden dienen. Dafür lohnt es sich, ein wenig Planung und Aufwand einzukalkulieren. Nachdem die regionale und saisonale Ausrichtung zur Gewohnheit geworden ist, macht es Freude, sich bewusster Produktauswahl zu verschreiben, und wird zugleich immer leichter.

# Teil III
WO Leader essen

Im letzten Teil werden die typischen Orte unter die Lupe genommen, an denen sich Führungskräfte zum Essen aufhalten. Nachdem nun schon das WIE und das WAS in der Ernährung beleuchtet wurde, ist dies ein ebenso wichtiger Aspekt, um seine Gewohnheiten hinterfragen und eventuell ändern zu können. Drei große Bereiche haben wir hier definiert, die wir nacheinander auf den Prüfstand stellen wollen: Im Büro, auf Geschäftsreise und zu Hause.

Als Erstes wird das Essen im Büro fokussiert, wozu neben den Schreibtischmahlzeiten der Besuch in der Kantine und das Snackverhalten in Meetings zählen.

Wie auf Geschäftsreisen gegessen wird, dieser Frage wollen wir im nächsten Gebot nachgehen. Führungskräfte sind häufig auf Messen, Kongressen und Tagungen anzutreffen, die ganz besondere Ernährungsfallen bergen. Auch Restaurantbesuche können fatal sein, wenn die Auswahl nicht stimmt. Last but not least ist das Thema „Einladungen" ein wichtiger Ansatz, um sein Essverhalten zu ändern. Hier können Kleinigkeiten wirksam sein, um nicht mit schlechtem Gefühl und Unbehagen aus einem Geschäftsessen zu kommen.

Und natürlich wollen wir in einem letzten Schritt auch die Ernährungsvorlieben hinterfragen, die zu Hause vorherrschen. Gerade hier können sich Unsitten einschleichen, die auf Dauer verheerend sind. Wer schon beim Einkauf umsichtig ist, möglichst von Zeit zu Zeit selbst kocht und in angenehmer Gesellschaft isst, befindet sich auf dem richtigen Weg. In dieser Situation ist es durchaus verzeihlich, wenn kleine Sünden begangen werden. Sie gehören dazu und können bei der im Regelfall gut disziplinierten Führungskraft für kleine Glücksmomente sorgen.

Der erste Schritt, um zu einem besseren Ernährungsverhalten zu kommen, ist meist der komplizierteste. Hierbei geht es erst einmal darum, sich selbst in Augenschein zu nehmen und zu hinterfragen, an welchen Orten vornehmlich gegessen wird.

Wo gegessen wird, ist für viele Führungskräfte eher nebensächlich. Es geht in der Regel um andere Themen und Termine, die wichtiger erscheinen. Normalerweise stehen im Tagesgeschäft einer Führungskraft das strategische Arbeiten, die Verantwortung für Mitarbeiter und die Motivation des eigenen Umfelds im Mittelpunkt der Aktivitäten.

Hierüber sollte jedoch nicht vergessen werden, dass zur Ausübung all dieser Tätigkeiten ein gut funktionierender Organismus und die eigene Dynamik gehören. Wer diese zu sehr oder zu lange vernachlässigt, wird auf Dauer keine guten bzw. die erwarteten Spitzenergebnisse hervorbringen können.

Ebenso wie im Geschäftsalltag einer Führungskraft gewisse Haltungen erwartet werden, so ist dies genauso für das eigene Essverhalten notwendig. Unabhängig davon, ob die Mahlzeit am Schreibtisch bzw. Arbeitszimmer eingenommen wird, auswärts bzw. in der Kantine gegessen wird oder ein Blick auf die heimischen Essgewohnheiten geworfen wird. Es gilt überall, dass bewusstes Verhalten und Aufmerksamkeit an den Tag gelegt werden sollten, um sich von schlechten Einflüssen zu lösen und die zukünftige Ernährungsweise zu optimieren. Das macht sich schnell bemerkbar und wird Früchte tragen, weil beim und nach dem Essen ein zufriedenes Gefühl vorherrscht. Der Ort ist dabei maßgeblich und wird auf Dauer zu einem wichtigen Kriterium, um sich immer besser, genussvoller und bekömmlicher zu ernähren.

Iss im Büro entspannt 7

Auftakt: Das Gute liegt so nah

Gerade wenn die Zeit drängt, das nächste Meeting ansteht oder ein Termin wahrgenommen werden muss, reicht die Zeit für einen Besuch der Kantine oder Cafeteria nicht immer. Doch gute Organisation bei Führungskräften ist alles – besonders wenn's ums Essen geht!

Für Tage im Büro können Mahlzeiten beispielsweise als Termine eingetragen werden, um diese nicht zu überspringen. Gerade in der Kantine werden Menschen getroffen, die für Führungskräfte interessante Gradmesser sind, wie die aktuelle Stimmung ist und welche Themen „brennen", oder der Besuch dient nur einmal dazu, um ein paar Worte mit lang nicht mehr gesehenen Mitarbeitern oder Kollegen auszutauschen.

Was die Auswahl des Essens in der Kantine angeht, so ist es sinnvoll, sich die einzelnen Speisen genau zu betrachten und eventuell anders zu kombinieren, als von der Küchenleitung vorgeschlagen. So sind die vorgefertigten Teller mit Beilagen und großzügig bemessenen Soßen oft zu reichhaltig und schwer, um den Büronachmittag mit gutem Gefühl anzugehen.

Es schadet nichts, sich seine eigene Auswahl zusammenzustellen. Beispielhaft wären nur Fleisch bzw. Fisch ohne warme Beilagen und dazu ein selbst zusammengestellter Salat oder die Salzkartoffeln mit etwas Gemüse und Olivenöl (vom Salatbuffet). Das ist meist bekömmlicher als eine üppige Mahlzeit.

Das Essen am Schreibtisch muss nicht immer langweilig und eintönig sein. Hier können entweder schon auf dem Weg ins Büro Mahlzeiten mitgenommen werden, die dem eigenen Geschmack und individuellen Vorlieben entsprechen. So ist man nicht auf das Angebot in der Cafeteria oder das von der Mitarbeiterin mitgebrachte Hefeteilchen vom Bäcker angewiesen.

Was noch sinnvoller ist, sind die bereits zu Hause vorbereiteten Snacks, wenn absehbar ist, dass der Tag komplett durchgeplant ist und ein Besuch im Betriebsrestaurant aus zeitlichen Gründen nicht in Frage kommt. Hier ist die Auswahl am größten, die Qualität nach eigenen Maßstäben bestimmt und die Menge frei wählbar.

Für die meisten Führungskräfte ist es – gerade an Bürotagen – nach wie vor kaum einer Überlegung wert, was es über den Tag verteilt zu essen gibt. Dies ist jedoch auf Dauer eine echte Ernährungsfalle und wird sich auf lange Sicht bemerkbar machen.

Eine vorherige Planung und das Einholen von Informationen, welche Quellen es nahe der eigenen Firma gibt, um sich mit guten Lebensmitteln zu versorgen, sind das A & O. Schon nach kurzer Zeit stellt sich größeres Wohlbefinden ein, wenn sowohl am Schreibtisch als auch in Kantine oder Cafeteria die richtigen Speisen eingenommen werden, die bekömmliche und genussreiche Mahlzeiten zur Regel werden lassen. Größere Leistungsfähigkeit und mehr Lust auf die weiteren Aktivitäten sind dadurch garantiert.

7.1 Das Essen nicht vergessen

Die schlechteste Alternative zu allen Ernährungsweisen ist die, das Essen komplett ausfallen zu lassen. Was immer noch häufig die Regel bei Führungskräften ist. Zahlreiche (vermeintlich wichtigere) Verpflichtungen lassen Mahlzeiten in den Hintergrund treten, so dass sich Angewohnheiten einschleichen, die auf Dauer schädlich sind.

Hinweise darauf, warum das unregelmäßige Essen und vor allem das häufige Auslassen von Mahlzeiten ungesund sind, gibt www.gesundheits-lexikon.com sinngemäß beim Stichpunkt Ernährung folgendermaßen wieder: Der Mensch von heute steht ständig unter Erfolgs- und Zeitdruck, so dass Essen aus Stress, kurz vor dem Schlafengehen, in späten Abendstunden oder sogar nachts und ohne richtigen Appetit resultiert, was den Stoffwechsel stört und die körperliche und geistige Leistungsfähigkeit beeinflusst. Unwohlsein, Völlegefühl und Verdauungsprobleme sind die Folgen.

Die falsche Wahl

Viele Menschen werden durch einen zeitintensiven Arbeitstag dazu gezwungen, Mahlzeiten unregelmäßig und möglichst schnell einzunehmen oder ganz ausfallen zu lassen. Häufig kommt der Hunger zwischendurch, da zu Hause keine Zeit zum Frühstücken ist. Mahlzeiten werden dann während der Arbeit oder unterwegs in Form von Fastfood, Bratwurst, Keksen und Schokoladenriegeln eingenommen.

Solchen Lebensmitteln wird oft Vorrang gegeben, da deren Verzehr kaum Zeit in Anspruch nimmt und sie aufgrund ihres hohen Fett- und Zuckergehalts und ihrer Zusatzstoffe sehr geschmacksintensiv sind. Sie beinhalten jedoch kaum essenzielle Nähr- und Vitalstoffe (Makro- und Mikronährstoffe) und bewirken große Veränderungen beim Glucose-Serumspiegel, das heißt Blutzuckerschwankungen in unserem Körper.

Konzentration auf andere Aktivitäten

Das Essen stellt für viele Führungskräfte nur noch eine Nebensache dar. Es wird nicht häufig darüber nachgedacht, zu welchem Zeitpunkt was und wie viel gegessen wird, da sich der Großteil der Menschen nicht auf das Essen als eigentliche Tätigkeit, sondern auf die dabei verrichtete Arbeit oder andere Dinge konzentriert.

Werden häufig Mahlzeiten unregelmäßig unter Stress und Zeitdruck eingenommen, kann es zu Magen-Darmbeschwerden, Verstopfungen, Durchfall, Blähungen und Sodbrennen kommen.

Diese Symptome werden u. a. durch mangelhaftes, hastiges Kauen und Herunterschlucken begünstigt, da die Nahrung damit schlecht für die Verarbeitung und Verdauung in Magen und Darm vorbereitet und große Mengen Luft mit hinuntergeschluckt werden.

Außerdem ist durch den schnellen Verzehr die Menge der aufgenommenen Lebensmittel schwer zu regulieren, weil durch den Heißhunger infolge von ausgelassenen Mahlzeiten viel zu viel auf einmal aufgenommen wird und das Sättigungsgefühl erst später einsetzt beziehungsweise erst mit Zeitverzögerung bemerkt wird. Die Signale des Körpers werden nicht mehr wahrgenommen und die Gefahr von Übergewicht steigt.

Das Verdauungssystem kann nur optimal arbeiten, wenn man sich viel Zeit für das Essen nimmt und in behaglicher Atmosphäre und vor allem regelmäßig isst, denn die Essenszeiten sollten bewusst als Phasen der Entspannung und Freude angesehen werden. Mit langsamem sowie konzentriertem Essen kann auch das Sättigungsgefühl erkannt werden, wodurch dem Körper nicht zu üppige Mengen zugeführt werden.

Unregelmäßige Mahlzeiten

Ein stressiger Tagesrhythmus veranlasst viele Menschen, erst abends eine große Mahlzeit zu essen, die häufig die einzige am Tag ist. Diese Tatsache muss jedoch kritisch betrachtet werden, denn zum einen kann die aufgenommene Energie zu diesem Zeitpunkt nicht mehr komplett verbraucht werden und zum anderen sind häufig Ein- und Durchschlafstörungen sowie eine Verschlechterung der Schlafqualität die Folge.

Für das Verdauungssystem und den Körperrhythmus ist es gesünder, mehrere kleine Mahlzeiten über den Tag verteilt zu sich zu nehmen. Somit bleibt der Blutzuckerspiegel relativ konstant und Hungerattacken sowie ständige Blutzuckerschwankungen werden vermieden, da der Körper den Tag über gleichmäßig mit Energie versorgt wird. Des Weiteren sollten Zwischenmahlzeiten aus Obst, Gemüse oder Nüssen und nicht aus zucker- und fettreichen Lebensmitteln bestehen.

Unregelmäßiges Essen, Auslassen von Mahlzeiten und der daraus resultierende häufige Verzehr von raffinierten, zucker- und fettreichen Nahrungsmitteln führt zu einer unzureichenden, unausgewogenen Ernährung und schwächt das Immunsystem. Der Körper wird nicht ausreichend mit Nähr- und Vitalstoffen versorgt und verfügt nur über eine ungenügende Menge an Abwehrstoffen zur Unterstützung der Immunfunktion. Eine Unterversorgung mit diesen essenziellen – das heißt lebensnotwendigen – Vitalstoffen erhöht das Risiko zu erkranken und führt zu langen und heftigen Erkältungsphasen.

7.2 Kantinenessen und seine Tücken

Kantinenessen kann einige Fallen bergen. Diese zu umschiffen, ist nicht schwer. Dafür ist genaues Hinschauen nötig und auch Fragen an die Küchenleitung sind erlaubt. Häufig stecken Fette oder Zusatzstoffe in den Produkten, die serviert werden. Sie können unerwünschte Nebenwirkungen zeigen. Entweder regen sie dazu an, mehr zu essen, als guttut, oder die unerwünschten Stoffe machen sich erst nach dem Essen bemerkbar, weil sie schlecht bekömmlich sind.

Das ist jedoch vermeidbar, wenn die Auswahl der Speisen sorgfältig getroffen wird. Am besten sind die unverarbeiteten Produkte, die nicht unter einer Last von Soßen oder Dressings verschwinden. Sollte doch eine Salsa oder ein Sugo verlocken, so ist es empfehlenswert, sich bei Kantinen- bzw. Küchenpersonal über die Inhaltsstoffe und Zubereitung zu informieren. Alles, was nicht selbst gemacht, sondern bereits fertig angeliefert wurde, kann kritische Zusatzstoffe enthalten.

Gerade wenn eine Kantine mit Zulieferern arbeitet, die viel Convenience Food anbieten, ist Vorsicht geboten. Laut Gesetz müssen Farb- und Konservierungsstoffe, Antioxidationsmittel und Phosphate ausgewiesen sein. Alle Zusatzstoffe müssen auf den Speisekarten vermerkt werden. Wenn dort nichts zu finden ist, dann ist die Frage an die Mitarbeiter der Küche legitim. Dort stehen die Inhaltsstoffe in jedem Falle auf den jeweiligen Verpackungen.

Nur eine ausgewogene Ernährung, die Genuss und Bekömmlichkeit sichert, steigert Wohlbefinden und Leistungsfähigkeit, was für Führungskräfte entscheidend für ihren Berufserfolg ist.

Worauf also achten?

Was in jedem Falle ein guter Rat ist: Zu Beginn des Essens in der Kantine sollte ein kleiner Salat oder nach Geschmack eventuell auch etwas Rohkost verzehrt werden, um den größten Appetit bzw. Hunger zu stillen. Wer die Zeit hat, kann die frische Vorspeise essen, bevor der nächste Gang folgt bzw. am Buffet geholt wird. Es ist genauso, als wenn man hungrig zum Einkaufen geht: Man kauft viel mehr, als eigentlich sein muss. Das ist beim Mittagessen genauso. Die Augen sind oft größer als der Hunger. Das Tablett wird – wenn alles auf einmal „gescheffelt" wird – meist viel zu voll. Dennoch essen die meisten auf, was auf dem Teller liegt. Häufig ist es dann zu viel.

Einzelne Speisen in der Kantine sollten einzeln gewählt und individuell zusammengestellt werden, da komplette Gerichte oft unausgewogen sind. Die Vielfalt zählt. Wer sich täglich etwas Neues gönnt, der wird genügend Nährstoffe erhalten. Darüber hinaus tut die Abwechslung gut und macht mehr Spaß.

Möglichst fettarme Beilagen sind vom Organismus besser verwertbar und sorgen für einen unbeschwerten Nachmittag. Hierzu zählen gedünstete Gemüse oder gedämpfter Reis. Auch Pell- oder Salzkartoffeln sind frei von Fett. Die dazu servierten Soßen sind meist keine gute Wahl. Hier lieber zu einem kleinen Stück Butter oder Kräuterquark greifen. Auch ein Löffel Oliven- oder Kürbiskern-Öl kann für mehr Geschmack sorgen.

Bei Fleisch und Fisch ist die Zubereitung wichtig. Was nicht fett gebraten bzw. paniert daher kommt, ist viel bekömmlicher als die ölige oder knusprige Variante. Hier ist es – wie bei den Beilagen – sinnvoller, lieber auf das fertig zubereitete Stück Fleisch ein Stück Kräuterbutter zu geben oder den Fisch mit einem Klecks Creme Fraiche zu verfeinern. Der Genuss ist durch diese kleinen Beigaben oft sogar besser als bei einer Soße, da der Geschmack des Ursprungsprodukts nicht komplett von anderen Aromen überlagert wird.

Auch die Zwischenmahlzeiten aus der Kantine oder Cafeteria sind oft nicht geeignet, um zu sättigen und gleichzeitig zu befriedigen. Häufig sind süße Stückchen oder Schokoladenriegel nicht ausreichend, um den Hunger zu stillen, so dass zu viel davon verzehrt wird. Eine gute Alternative sind frische Früchte kombiniert mit einem Naturjoghurt, der pur oder mit einem Löffel Honig gesüßt genossen werden kann. Falls das nicht ausreicht, so ist Studentenfutter eine sinnvolle Ergänzung, um die kleine Mahlzeit zu einem vollwertigen Snack zu machen.

Was das Wichtigste ist: Es ist möglich, sich selbstbestimmt zu ernähren – auch oder gerade in der Kantine. Meist ist die Auswahl groß, so dass aus einer Vielzahl von Speisen und Produkten gewählt werden kann. Selbst wenn es ein wenig mehr

Arbeit bedeutet, sich seinen Teller selbst zusammenzustellen bzw. vom angebotenen Programm abzuweichen – es lohnt sich.

Nur durch eine gute Zusammenstellung seiner Nahrung sind Genuss und Bekömmlichkeit garantiert. Die Entscheidung, was man essen möchte, liegt allein bei uns selbst. Kein anderer weiß besser, was uns guttut und was eher schadet. Wohlbefinden oder Unwohlsein liegen also in unserer eigenen Hand. Das sollte bei jedem Kantinenbesuch bedacht und genutzt werden.

7.3 Verführerische Meetings

Süße Snacks, Kekse und schwarzer Kaffee gehören nach wie vor zur Standardausstattung in Meetings. Sowohl auf den Tischen, an denen die Besprechungen abgehalten werden, als auch in den Pausen zwischen den einzelnen Sitzungen. Gerade in Phasen höchster Konzentration – und genauso in eher zähen Momenten – ist es fast natürlich, sich mit Energie versorgen zu wollen.

Doch hier kommt es darauf an, dass die Energiezufuhr nicht nur kurzfristig wirkt, sondern lange vorhält. Wer aktiv mitarbeiten und leistungsfähig bleiben will, dem reichen nicht nur Koffein und Zucker. Beide sorgen zwar für den schnellen Kick, die Wirkung lässt aber leider sehr schnell nach. Entweder folgt dann eine Phase der Müdigkeit oder es wird wieder „nachgelegt", was meistens nicht sinnbringend ist.

Vitamine und Mineralstoffe während des Sitzungsmarathons sind also die richtige Wahl. Hier können Obst und Gemüse in Form von Sticks oder Spießen eine gute Alternative zu den trockenen Keksen und Schokoriegeln sein. Frisch gepresste Säfte in Karaffen sind eine willkommene Abwechslung zu den unvermeidlichen Kaffeekannen.

Nüsse – gemischt mit Rosinen oder Trockenfrüchten – können alternativ zu Müsliriegeln angeboten werden. Die Riegel sind meist zu fett- oder zuckerhaltig, da sie gebunden sein müssen. Nüsse in Reinform sind zwar nicht kalorienarm, aber hier kann die Menge selbst festgelegt werden. Es muss nicht, wie beim Müsli- oder Schokoriegel, ein ganzer 50 g-Riegel sein, der bereits vorportioniert auf dem Tisch liegt.

Besonders erfrischend sind kleine Gläser, die mit Joghurt oder Quark mit frischen Früchten gefüllt sind. Sie sorgen für eine ausreichende Nähr- und Vitalstoffzufuhr und sind leicht zu essen. Dazu weniger kalorienhaltig als die obligatorischen Süßwaren. Wer als Führungskraft seinen Einfluss geltend machen kann, sollte für abwechslungsreiche Kost bei Meetings sorgen, so dass sowohl der Energieerhalt als auch die aktive Teilnahme am Geschehen gesichert sind.

7.4 Selbstmitgebrachtes – die Alternative zu Kantine und Schnellimbiss

Selbst wenn es heute nicht mehr zeitgemäß erscheint, sich mit einer Lunch Box oder einem Proviantbeutel auf den Weg ins Büro zu machen, ist es nicht die schlechteste Alternative, um sich am Arbeitsplatz gut zu ernähren. Hier weiß man genau, was sich darin befindet und was guttut.

Wofür früher die Mütter sorgten, wenn wir uns auf den Schulweg machten – ein selbst geschmiertes Pausenbrot – ist schon fast wieder hip. Immer mehr Bäckereien bieten mittlerweile wieder eine „Stulle" oder ein „Butterbrot" an, was einfach und lecker ist. Die in Bayern gängige Butterbrez'n erobert auch einen immer größeren Markt und findet eine Vielzahl von Anhängern.

Schlicht und unkompliziert – solche Snacks sind meist die von zu Hause mitgebrachten Leckereien und machen glücklich. Gerade in Zeiten, in denen immer mehr Schnellimbisse aus dem Boden wachsen und das Fastfood immer exotischer wird, ist die selbstmitgebrachte Mahlzeit oft ein Genuss. Es kann genau festgelegt werden, worauf man Lust hat. Meist ist das Selbstgemachte nährstoffreicher als ein Fertigimbiss vom Kiosk um die Ecke.

Die Mittagspause dient dazu, die Akkus aufzuladen und dem Körper wichtige Vitamine zuzuführen. Nur so kann der Geist fit bleiben und es ist garantiert, dass in der zweiten Tageshälfte viel Energie zum Arbeiten bleibt. Bei zu üppigen oder ausgefallenen Mahlzeiten droht gleichermaßen das Suppenkoma nach der Mittagspause. Dieses Tagestief kann umgangen werden, wenn für einen ausgewogenen Lunch Sorge getragen wird. Möglichst im Vorfeld.

Beispielsweise können Reste von abends zubereiteten Speisen mitgenommen werden. Suppen oder Gemüsepfannen eignen sich bestens dazu, eine Portion für die Mittagspause am nächsten Tag einzuplanen.

Je nach Geschmack und Jahreszeit stehen ebenso kalte Speisen hoch im Kurs. Salate oder belegte Brote sind die Klassiker. Gemüsesticks mit einem hausgemachten Dip oder Eier mit grüner Soße können bereits in der heimischen Küche vorbereitet und ins Büro mitgenommen werden. Oder warum nicht auf die alten Gemüsesorten zurückgreifen? Rote Beete mit selbst angemachtem Dip oder Selleriescheiben mit Kräuterquark.

Alternativ kommen süße Varianten als vollwertiges Mittagessen in Frage. Eine mit Hüttenkäse gefüllte halbe Melone oder ein Joghurt mit frischen Früchten und Walnüssen können aus dem Mittagstief herausführen.

Wie ein Pausenbrot leckerer wird? Es gibt mittlerweile zahlreiche Anbieter wie „aran" oder andere Brotmanufakturen, die es vormachen. Leckere selbstgemachte Aufstriche wie Curry-Ingwer-Frischkäse oder ein Dip mit getrockneten Tomaten und Basilikum können separat vom Brot oder Brötchen aufbewahrt werden und erst kurz vor dem Verzehr zubereitet werden, am besten zusammen mit Selleriesticks oder Kirschtomaten. Das ist traditionell und zugleich total in. Alles, was schmeckt und guttut, kann in einen solchen Brotaufstrich verarbeitet werden.

Wichtigste Regel bei allen mitgebrachten Speisen: Wie bei anderen Mahlzeiten sollte ein wenig Zeit und Muße während des Essens vorherrschen. Nur dann wird das Essen genossen und vor allem gut verdaut. Herunter geschlungenes Essen, das vor dem Rechner eingenommen wird, hat keine Chance, seine positive Wirkung zu entfalten. Meist wird nicht richtig gekaut, die Konzentration liegt bei der gerade zu verrichtenden Arbeit und das unbewusste Zugreifen macht noch nicht einmal satt.

Doch wer die Pause wirklich zur Erholung nutzt, seine Gedanken vom Führungsalltag auf entspannende Themen richtet und möglichst noch kurz frische Luft schnappt, der wird seinem Leistungstief am Nachmittag bestens begegnen. Gerade mit einer leichten, erfrischenden Mahlzeit kann neue Kraft getankt werden, und der Magen ist nicht allzu lange mit der Verdauungstätigkeit beschäftigt, was die Konzentration von der eigentlichen Arbeit ablenken kann.

Wer sein Essen im Büro bewusst zu sich nimmt, macht sich in jedem Falle eine kleine Freude und kann nochmals neu durchstarten. Besonders, wenn vor der Pause ein schwieriges Thema auf den Schreibtisch kommt. Hier hilft häufig die Auszeit, um sich nach der Pause mit neuer Energie und einem freien Kopf der Aufgabe mit voller Kraft zu widmen. Das Essen also nicht vergessen oder übergehen – das hat noch keinem zum Erfolg verholfen.

Iss unterwegs bewusst

Auftakt: Auswärts essen mit positivem Effekt

8

Führungskräfte sind häufig unterwegs, haben meist keine festen Pausen und damit auch keine Muße für geregelte Mahlzeiten. Ernähren sie sich aber über einen längeren Zeitraum schlecht, sind sie auf Dauer nicht leistungsfähig und verschwenden wertvolle Energie, die sie in ihrer Funktion ganz besonders dringend benötigen.

Wer um vier Uhr morgens aufsteht, um den Flieger zu bekommen, muss noch nichts frühstücken, sollte dies aber später nachholen. Günstig ist es auch, die Mahlzeit in eine leichte und eine schwerere aufzuteilen. Beispielsweise ein Stück Obst oder einen Joghurt am früheren Morgen und ein nach den eigenen Vorlieben vorbereitetes Brot zu einem späteren Zeitpunkt.

Zudem hilft es, sich mittags eine längere Pause zu gönnen, in der etwas Frisches gegessen wird. Ein belegtes Laugenbrötchen mit Frischkäse und etwas Grünzeug aus der Bäckerei ist hier ausreichend. Zwischenmahlzeiten schützen zudem vor Leistungstiefs am Nachmittag: Obst, eine Handvoll Studentenfutter oder ein Knäckebrot. Beim Abendtermin ist dann ein Hauptgericht im Restaurant die richtige Wahl, um sich vom Tag zu erholen und ein bisschen zu entspannen.

Auf Messen und Tagungen werden meist altbekannte Standards serviert, die nicht immer guttun. Die Mittagspausen während einer Veranstaltung warten häufig nur mit einer Auswahl aus ein bis zwei üppigen, soßenreichen Fleisch- oder Fischgerichten aus Rechauds auf, während einer Messe oder Roadshow gibt es außer der Bratwurst oder dem Burger vom Schnellimbiss meist ebenfalls keine große Auswahl.

Während der kurzen Pausen am Vor- und Nachmittag kann meist nicht mit erfrischenden Snacks gerechnet werden – Kekse oder Kuchen aus dem Convenience Angebot eines Lieferanten sind hier die Regel. Appetitlich angerichtete Früchte oder frischer Joghurt mit Nüssen meist Fehlanzeige.

Doch nicht nur in Tagungshallen und Kongresszentren ist das Essensprogramm beschränkt. Viele Führungskräfte fühlen sich nach einem Restaurantbesuch nicht wirklich dynamisch und leistungsstark. Meist, weil eine falsche Wahl getroffen wurde oder das vorbestellte Menü ungefragt vom Service gebracht wird.

Während einer Einladung zum Geschäftsessen wird selten an den vorgegebenen Menüs variiert, was häufig in zu üppigen, schwer verdaulichen Speisefolgen mündet. Dies hat wenig mit Genuss zu tun und macht den Einstieg in den Nachmittag nicht wirklich angenehm. Denn mit vollem Bauch studiert „sich's" bekanntermaßen nicht gern.

Abhilfe schaffen hier nur der gesunde Menschenverstand und der bewusste Umgang mit sich und den anstehenden Mahlzeiten. Viele Tücken der auswärtigen Küche können problemlos überwunden werden, wenn man ein paar Tipps beachtet und sich nicht von vorgegebenen Angeboten leiten lässt. Die Wahl bleibt immer noch dem einzelnen Entscheider überlassen – er muss sie nur treffen. Wer sich dieser Freiheit bewusst ist und sie nutzt, wird künftig auch unterwegs seine Freude am Essen entwickeln bzw. behalten.

8.1 (Ernährungs-)Fallen auf Messen

Grelles Licht, Klimaanlagen und verbrauchte Luft – das kennzeichnet meist die Atmosphäre beim Besuch einer Messe, einer Tagung oder eines Kongresses. Denkbar schlechte Bedingungen, um sich wohl zu fühlen und seine Konzentrationsfähigkeit aufrechtzuerhalten. Wenn diese Umstände dann noch mit Essen, das frei von Nähr- und Vitalstoffen ist, in Kombination auftreten, sind solche Tage meist nur mit viel gutem Willen und wenig Freude zu überstehen.

Wie essen und trinken?

Im Idealfall bestehen in Phasen körperlicher und geistiger Belastung 70 % der Ernährung aus Obst und Gemüse. Versteckte Fette und Zucker, zum Beispiel in Cola, Schokoriegeln, Chips und Pommes sind eine messbare Leistungsbremse. Das gilt besonders für Führungskräfte, die einen Großteil ihrer Zeit in Messehallen oder Tagungszentren verbringen.

Was auch häufig unterschätzt wird, ist der Ausgleich des Flüssigkeitshaushalts. Die trockene Luft bewirkt, dass die Organe mit zu wenig Flüssigem versorgt werden und somit nicht einwandfrei funktionieren können. Schleimhäute trocknen dadurch aus und führen zu Problemen im Bereich von Mund, Nase und Augen. Gerade diese werden für immer neue bzw. langandauernde Gespräche besonders in Anspruch genommen. Ausreichend zu trinken ist daher die einzig richtige Entscheidung.

Wer also regelmäßig auf Messen und Kongressen unterwegs ist, der lernt ausgewogenes Essen zu schätzen. Bei einer Messe will man gute Geschäfte machen und sich nicht durch einen leeren Magen oder schlechtes Essen die Lust an der Sache verderben lassen. Jedoch ist das bei vielen Messen der Fall. Zwischen dem Messestand und vielen Gesprächen warten zahlreiche hungrige Mägen. Doch meistens ist das Essen schlecht und liefert nicht genügend Nährstoffe, um sich nach der Mahlzeit gut zu fühlen. Das mindert dann den Erfolg für den gesamten Messebesuch.

Essen auf Tagungen und bei Messen ist äußerst wichtig, um die Leistungsfähigkeit des Körpers zu erhalten und zu steigern. Wer stark unter Anspannung steht und gerade wenn sie über einen längeren Zeitraum aufrechterhalten bleibt, steigt die Fehleranfälligkeit. Gerade auf einer Messe, wo mit einer Vielzahl von Menschen gesprochen wird und Geschäfte angeleiert bzw. Beziehungen gefestigt werden sollen, dürfen so gut wie keine Fehler unterlaufen.

Das kann jedoch passieren, wenn das Essen vergessen bzw. ausgelassen oder die falsche Auswahl getroffen wird. Daher ist es sinnvoll, sich bei der Vorbereitung von Messen und Kongressen im Vorfeld mit der angebotenen Palette an Speisen zu beschäftigen.

Catering erfragen und auf eigenes Essen Einfluss nehmen

Den Trend zu einem besseren Speiseangebot haben mittlerweile einige Messebetreiber erkannt und handeln entsprechend. Das Catering ist daher in manchen Fällen schon vielseitiger geworden. Oder es besteht die Möglichkeit, sich von externer Seite etwas liefern zu lassen, das für größeres Wohlbefinden sorgt als der vorgegebene Speiseplan an den „Fress-Inseln" zwischen den Messeständen, die häufig nur mit einer begrenzten Auswahl an Speisen aufwarten können.

Essen und Geschäfte gehören zusammen. Die Qualität muss einfach stimmen und die angebotene Mahlzeit darf nicht wie ein minderwertiges Mikrowellen-Essen schmecken. Mit der Zeit lernen Führungskräfte durch wiederholtes Besuchen bestimmter Messen im In- und Ausland die individuellen Gegebenheiten kennen. Hierbei sollten die verschiedenen Möglichkeiten eruiert werden, die der Standort bietet.

Welches Essen bzw. Imbisse es gibt, kann vor Beginn der Messe erfragt werden. Ein guter Messe- oder Tagungsveranstalter sollte auf persönliche Wünsche eingehen können und eventuell auch Sonderbestellungen ermöglichen. Dies ist – gegebenenfalls mit einem gewissen Aufpreis verbunden – sicherlich Aufwand und Mühe wert.

Wenn alle Bemühungen scheitern und die Vorab-Recherche ergibt, dass es tatsächlich nur Burger oder andere Fastfood-Angebote gibt, die nicht zur Freude gereichen, dann sollte darüber nachgedacht werden, sich selbst zu versorgen. Entweder hat die Belegschaft des gesamten Messestands Lust auf eine alternative Mahlzeit – dann kann mit einem externen Dienstleister gesprochen werden. Oder es ist tatsächlich ein individuelles Anliegen, das man in Form von selbstmitgebrachten Speisen befriedigen kann.

Das muss nicht in einer auffälligen Aktion münden, indem man die Tupper Ware auspackt und eventuell noch nach einer Mikrowelle sucht. Meist können Joghurt und Obst zusätzlich zu den Getränken im Kühlschrank auf dem Messestand untergebracht werden. Oder bei einem Bäcker oder Feinkostladen können nach eigener Wahl belegte Brote, frisch zubereitete Salate oder Quarkspeisen im Vorfeld für den Messebesuch mitgenommen werden.

Auf keinen Fall sollte man sich als Opfer schlechter Kost fühlen und die Folgen davon spürbar werden lassen. Es gibt zahlreiche Möglichkeiten, dem Messe-Würstchen oder der Tagungspauschale zu entkommen, wenn dem Essen so viel Wert beigemessen wird, dass ein paar Minuten im Vorfeld der Messe für das Erfragen des Speiseangebots oder das Treffen entsprechender Vorkehrungen investiert werden.

So kann ein Messe- oder Kongresstag auch zu einem erquicklichen Erlebnis werden, der nach eigenen Vorlieben gestaltet wird und nicht dem Essensdiktat der Veranstalter oder Aussteller unterliegt.

8.2 Restaurantbesuche ohne Nebenwirkungen

Restaurantbesuche sind für Führungskräfte in aller Regel keine Ausnahme. Es kommt häufig vor, dass ein Mittagessen zum Geschäftstermin, ein Kunde zum Abendessen ins Restaurant eingeladen oder ein besonderer Anlass mit einem auswärtigen Essen beendet wird.

Je häufiger Restaurants besucht werden, desto größer ist auch die Gefahr, mehr und üppiger zu essen und zu trinken, als dies im Normalfall bei einem Essen zu Hause oder am Schreibtisch üblich ist. Auf der anderen Seite wird das Essen im Restaurant immer mehr zur Routine und kann besser geplant bzw. nach eigenen Vorlieben gesteuert werden.

In jedem Falle lohnt ein genauer Blick in die Speisekarte, um nicht in der Folge des Essens seine Entscheidung für das Menü oder ein bestimmtes Gericht zu bereuen.

Mittags im Restaurant

Das klassische Geschäftsessen zur Mittagszeit ist zwar meist nicht ganz so alkoholgeschwängert wie das Abendessen, aber von der Auswahl und Menge der Speisen unterscheiden sie sich nicht. Manche Restaurants – mitunter in der gehobenen

Kategorie – bieten einen Mittagstisch an, der aus mindestens zwei, häufig auch drei Gängen besteht. Das ist zwar verlockend, kann jedoch dazu führen, viel zu viel zu sich zu nehmen.

Angebote zur Mittagszeit verändern oder verkleinern

Hierbei ist es durchaus erlaubt und legitim, sich gegen das Dessert oder eventuell die vorweg servierte Cremesuppe zu entscheiden und die Gänge zu reduzieren. Es wird von den Tischnachbarn respektiert werden, denn jeder kennt die Situation, dass aus Höflichkeit mehr gegessen wird als nötig und bekömmlich ist. Eventuell wird sich sogar der ein oder andere anschließen und sich freuen, dass einer den Anfang macht.

Vorspeise

Was unbedingt in Anspruch genommen werden sollte, ist die Möglichkeit, etwas anderes als das vorgegebene Gericht zu bestellen, falls es nicht den eigenen Vorstellungen entspricht. So kommen Vorspeisensalate häufig mit Zutaten, die viel zu schwer oder überflüssig sind. Wer auf Gorgonzola und Walnüsse zum Feldsalat verzichten möchte, kann dies durchaus zur Sprache bringen und einfach den gemischten Salat mit Sprossen bestellen. Dazu servierte Dressings sind in vielen Fällen zu reichhaltig. Bei einem Caesars Salad wird die Salatsoße wie eine Mayonnaise zubereitet, die Croutons und der Parmesan tun ihr Übriges, um bereits nach diesem ersten Gang fast gesättigt zu sein.

Wer diesen Salat dennoch liebt, sollte das Dressing besser separat bestellen und nur so viel nehmen, dass der Salat schmeckt, aber nicht in der Soße badet. Und eventuell die gerösteten Croutons und einen Teil des Parmesans einfach zur Seite schieben. Es ist heute durchaus keine Notwendigkeit mehr gegeben, seinen Teller leer zu essen. Das Bestellen einer kleineren Portion ist ebenfalls denkbar, wenn man Restaurant und Größen der angebotenen Speisen schon kennt.

Bei Suppen sind häufig Sahnehäubchen oder geröstete Brotchips nicht zwingend erforderlich, um ein Genusserlebnis zu haben. Hier kann vorher gefragt werden, wie die Suppe serviert wird und möglicherweise um die reichhaltige Dekoration verringert werden.

Hauptgang

Um das Mittagessen möglichst zeiteffektiv zu gestalten, werden in der Regel Tellergerichte angeboten, die bereits vorher in Menge und Zusammensetzung feststehen. Beispielsweise im Frühjahr ein üppig bestückter Teller mit Spargel, Kartoffeln, Sauce Hollandaise zusammen mit einem Wiener Schnitzel oder Schinken. Der Spargel an sich ist eine wunderbare, leichte Mittagsmahlzeit – die Beigaben allerdings häufig zu viel bzw. zu fett. Oder im Winter die obligatorische Weihnachtsgans mit Klößen, Rotkohl, Rosenkohl und Maronen zusammen mit einer schweren Soße.

Hier ist es ebenfalls besser, sich die Gerichte einzeln servieren zu lassen. Also einen Teller mit Spargel, wozu Kartoffeln, Soße, Butter und Fleisch je nach Appetit beigefügt werden können. Oder auch bei der Gans bzw. Ente eventuell nur das Gemüse als Beilage wählen und mittags auf die Kartoffelklöße verzichten. Das alles wird in guten Restaurants machbar sein und sollte vom anspruchsvollen Gast genutzt werden.

Pasta-Gerichte zur Mittagszeit sind oft besser verdaulich, wenn sie nicht mit einer Sahnesoße, sondern mit passierten Tomaten oder mit Gemüse-Sugo serviert werden. Hier kann bei bereits vorgeschlagenen Speisen eine Alternative gewählt werden. Für die Fusilli mit Lachs und cremiger Soße kann durchaus eine andere Pasta-Variante bestellt werden, beispielsweise bestehend aus Nudeln und Fisch mit einer fruchtigen Tomaten-Basilikum-Soße (ohne Sahne).

Oder das Fleisch- oder Fischgericht wird nicht mit Kartoffelgratin oder Reis mit Safransoße bestellt, sondern eher mit gedünstetem Gemüse, das gerne mit einem kleinen Schuss Olivenöl abgeschmeckt sein kann. Das ist meist viel leckerer als eine vorher schon länger köchelnde Soße, die den natürlich zubereiteten Beilagen auch häufig den Eigengeschmack bzw. ihre besondere Note nimmt.

Dessert

Hier ist es meist die süße Lust, die während des Lunch-Termins durchschlägt. Aber Hunger hat meist niemand mehr. Es kann in jedem Falle nein gesagt werden. Wer aber nicht auf die Nachspeise verzichten möchte, entscheidet sich eventuell lieber für eine der Tageszeit angemessenen Variante. So ist die Dessertvariation oft übertrieben groß, ein Mousse au Chocolat zu schwer oder eine Tarte mit Vanillesoße zu viel des Guten.

Aber warum nicht einfach nur einmal eine Kugel Fruchteis zum Dessert? Oder Erdbeeren mit Zitronensaft und einem Löffel Muscovado-Zucker? Oder nur ein kleineres oder halbes Stück Kuchen ohne Sahne und Soßen? Alles möglich… Und der Appetit auf eine Süßspeise ist damit meist auch gestillt, ohne es später zu bereuen.

Drinks

Was die Getränkeauswahl zur Mittagszeit angeht: Wird ein alkoholhaltiger Aperitif angeboten, so kann häufig um eine promillelose Alternative, beispielsweise einen frisch gepressten Orangensaft oder einen alkoholfreien San Bitter mit Soda gebeten werden. Oder ein Glas Mineralwasser mit Zitrone, wenn es nur darum geht, mit den Geschäftspartnern anstoßen zu können.

Der Konsum von Alkohol während des Essens sollte sich maßvoll gestalten, wenn am Nachmittag noch Termine anstehen oder den Geist beanspruchende Strategien entwickelt werden müssen. Die Konzentration wird durch Alkohol häufig negativ beeinträchtigt oder die Bedeutung der Aufgabe nimmt an Wichtigkeit mit zunehmendem Alkoholpegel ab. Nichts spricht gegen ein Glas Wein, wenn es mit dem Essen zu sich genommen wird. Aber hier ist es durchaus sinnvoll, seine Grenzen zu kennen und sich nicht verführen zu lassen – selbst wenn eine ganze Flasche geordert wurde und immer nachgeschenkt wird. Hier ist Verzicht absolut legitim und reduziert ungewollte Aussetzer oder einen schweren Kopf.

Abendessen auswärts genießen

Bei Abendterminen wird häufig ein Menü bestellt, das aus drei, vier oder sogar mehr Gängen besteht. Diese sind zwar in der Regel aufeinander abgestimmt und daher von der Größe her überschaubar. Aber in vielen Fällen ist das gesamte Menü eventuell mehr, als man eigentlich essen möchte.

Los geht's mit Aperitif-Snacks, Brot und Butter sowie einem Amuse Bouche bzw. Gruß aus der Küche. Dann folgen Vorspeise(n) und Zwischengericht(e), ein Hauptgang, das Vordessert zur Einstimmung auf das eigentliche Dessert sowie/bzw. Käse. Zum Kaffee werden eventuell noch Pralinen und hausgemachte Gebäcke angeboten. Daher sollten Genießer mit ihrer Kapazität möglichst haushalten und bei den einzelnen „Etappen" des Menüs ganz bewusst und mit großem Bedacht auswählen.

Amuse Bouche und Brot

Häufig wird zum Aperitif bereits ein kleiner Snack serviert, der den Alkohol ein wenig abfedert oder in seinem Geschmack unterstützt, um die Aromen im Aperitif als noch angenehmer zu empfinden. So können Prosecco zusammen mit Crackern plus Kräutermischung oder bestimmten Gewürzen eine ideale Kombination sein, zum trockenen Sherry kann eine frische Feige mit etwas Thymian Creme Fraiche gereicht werden. Ein oder zwei Häppchen sollten jedoch ausreichen, um genügend Platz für die folgenden Speisen der Menüfolge zu lassen.

Nach diesen ersten delikaten Appetitmachern kommen dann meist verschiedene Brotsorten und kleine Brötchen mit Aufstrichen, Dips oder gesalzener Butter auf den Tisch. Ebenfalls sehr lecker – jedoch ist hier Zurückhaltung geboten, um nicht allzu viele Scheiben vorab zu verzehren – denn hungrig sind nach einem anstrengenden Arbeitstag meist alle am Essen Beteiligten und bedienen sich bereits bei den ersten servierten Kleinigkeiten im Übermaß.

Vor dem eigentlichen mehrgängigen Menü folgt auf Aperitif-Snack und Brot dann das Amuse Bouche, ein kleiner Gruß aus der Küche, der häufig schon mehr an Menge und Zutaten mit sich bringt, als es für den weiteren Verlauf des Essens gut wäre. So kommen oft kleine Gläschen mit Cremes als Basis, Krustentieren oder Fleisch als Hauptbestandteil und einer Hummermousse als Krönung auf den Tisch, abgerundet durch ein Topping aus Kräutercroutons oder gerösteten Nuss-Stückchen. Da das Amuse jedoch wirklich nur den Gaumen kitzeln soll und nicht der Sättigung dient, sondern auf das Menü vorbereitet, kann hier nur ein Löffel probiert werden. Nicht zwangsläufig muss das Gläschen komplett geleert werden.

Das Menü
Im Anschluss an die vorher skizzierte Speisenfolge, die natürlich nicht immer so üppig ausfallen muss (aber durchaus kann!) folgt dann das eigentliche Menü, welches in guten Restaurants häufig hervorragend zubereitet ist. Die Zutaten eines Ganges sind in vielen Fällen genau aufeinander abgestimmt, um die verschiedenen Aromen miteinander in Einklang zu bringen bzw. sich gegenseitig zu unterstützen.

Hier ist es oft nicht angebracht, von vornherein einen Bestandteil eines Tellers abzubestellen oder zu variieren, es sei denn, der durchaus dominierende Kalbskopf zum Fischgericht gefällt gar nicht und kann problemlos durch ein weiteres Fischfilet ersetzt werden. Oder einem Fleischesser behagt der Hummer beim Surf'n'Turf nicht und wird einfach weggelassen.

Aber in allen anderen Fällen sollten die Zutaten der vom Küchenchef meist akribisch ausgewählten und aufeinander abgestimmten Geschmackskomponenten möglichst wenig variiert werden. Ausnahmen stellen Allergien oder Unverträglichkeiten dar sowie der Verzicht auf Fleisch bei Vegetariern, die vor dem Servieren des Menüs bekannt gegeben werden sollten.

Wenn die jeweiligen Gänge gebracht werden, kann eine ungeliebte Zutat einfach dezent zurückgelassen werden. Auch hier gilt: Die Menge auf einem Teller ist nicht für jeden Magen geeignet bzw. auf den Appetit jedes Einzelnen perfekt angepasst. Hier ist es absolut zulässig, einen Teil zu essen und den Rest liegen zu lassen.

Ein Zwischengericht, das die Brücke zwischen Vorspeise und Hauptgang schlägt, ist dem ein oder anderen eventuell zu viel. Hier kann entweder von vornherein um eine kleinere Variante gebeten werden oder man überspringt den Gang in Absprache mit dem Service.

Bei den Hauptspeisen fällt oft auf, dass die Fleisch- und Fischportionen zu üppig bemessen sind. Wer langsam isst, wird seinen Sättigungsgrad spüren und darauf achten. Wenn es nun zu viel wird, so lohnt es sich, auf seinen Magen zu hören und mit dem Essen aufzuhören. Für die Servicekräfte ist das Besteck immer ein guter Hinweis, ob der Gast fertig ist. Zum Ende der Mahlzeit wird das Besteck parallel auf dem Teller platziert. Macht der Gast lediglich eine Pause, können Messer und Gabel in X-Form gekreuzt werden, was ein Weiteressen impliziert. Diese „Sprache" zu nutzen ist sinnvoll, da hiermit nicht ausdrücklich gesagt werden muss, dass es zu viel war, und der Rest des Tisches darauf aufmerksam gemacht wird.

Folgen Vordessert und Dessert, so kann hier in Maßen genossen werden. Nach einem Vordessert, das in vielen Fällen schon sahnig oder cremig ist, wird die eigentliche Nachspeise oft zu viel. Zumal in gehobenen Restaurants zum anschließenden Espresso auch noch Pralinen, Schokoladenspezialitäten oder hausgemachtes Gebäck gereicht wird. Bei den Süßspeisen gilt ganz besonders die Regel, sich hier auf sein eigenes Hungergefühl zu verlassen und nicht allzu schnell alles Gereichte zu verzehren. Der Appetit auf etwas Süßes ist nach der Hauptspeise oft gegeben, sollte aber nicht durch Menge, sondern eher durch die Beschränkung auf kleine, feine Häppchen befriedigt werden.

Weinfolge und Digestif

Am Abend werden zum Menü gerne Weine in Flaschen oder auch auf die einzelnen Gänge abgestimmte Gläser mit unterschiedlichen Weinen serviert. Das gehört bei Geschäftsessen üblicherweise dazu. Aber hier droht häufig die Falle, sich zu viel des Guten zu genehmigen. Gerade zu Beginn des Abends kann das Folgen haben, weil er auf einen nahezu leeren Magen trifft. Also – langsam genießen und eventuell das Glas nicht ganz austrinken.

Bei den Weinen ist auf kleinere Mengen zu achten. Wenn der Service nachschenken möchte, so kann mit einem Handzeichen abgewinkt werden, so dass die folgenden Gänge noch von dem ein oder anderen Schluck begleitet werden können.

Der zum Schluss angebotene Digestif ist nicht obligatorisch. Die Brände, Whiskys, Grappe oder Liköre sind fast alle extrem alkoholhaltig, gerade wenn es sich um hochprozentige Fruchtschnäpse oder geistige Getränke in Fass-Stärke handelt. Hier kann entweder bestellt und nur genippt werden, wenn man den Alkohol schon spürt. Oder man lässt den Digestif komplett aus – das wird heutzutage normalerweise respektiert.

Für Restaurantbesuche gilt also wie überall im Führungsalltag: Die eigene Entscheidung zählt und individuelles Verhalten nach eigenen Prämissen ist an der Tagesordnung und durchaus zulässig.

8.3 Bei Einladungen nicht alles „schlucken"

Selbstverständlich möchte man bei Einladungen von Geschäftsfreunden oder Kunden höflich sein. Auch und besonders während eines gemeinsamen Essens. Dennoch kann es vorkommen, dass die getroffene Auswahl des Menüs nicht immer den eigenen Vorlieben entspricht. Dies gilt hier bei uns wie bei Einladungen im

Ausland. Dort kommen eventuell noch Speisen hinzu, die uns exotisch und ungewohnt erscheinen.

Sollten im Vorfeld eines Essens bereits bestimmte Lebensmittelunverträglichkeiten bekannt sein oder beispielsweise eine Abneigung gegen bestimmte Produkte, so kann dies dezent im Sekretariat oder Vorzimmer angebracht werden, das sich meist um die Vorbereitung eines Geschäftsessens kümmert. Hier können Vegetarier um Alternativen zu Fleischgängen bitten oder Unverträglichkeiten gegenüber Milchprodukten, Gluten oder bestimmten Gemüsearten bekannt gegeben werden.

Ist man schon im Restaurant, ohne oben Genanntes vorher abzuklären, so ist es immer noch nicht zu spät, um sich beim Menü gewisse Alternativen vom Service anbieten zu lassen. Um dies nicht zum Hauptthema werden zu lassen, sollte das Ganze möglichst nicht allzu öffentlich gemacht oder der Tisch in epischer Breite über die persönlichen Abneigungen informiert werden.

Entweder ergibt sich die Gelegenheit, noch vor dem Essen kurz mit dem Restaurantleiter zu sprechen und ihn nach dem Menü zu befragen und zeitgleich Änderungen vorzunehmen. Oder man kann sich am Tisch vor den einzelnen Gängen mit den jeweiligen Servicekräften abstimmen und Alternativwünsche äußern.

Ist das alles nicht machbar und das Essen wird in seinen einzelnen Gängen ohne Änderungswünsche serviert, so ist es immer noch möglich, kleine Variationen vorzunehmen. Werden beispielsweise ein bestimmtes Gemüse und Nudeln, die man nicht möchte, zum Fleisch oder Fisch serviert, so kann beim Service um eine weitere Portion einer alternativen Beilage gebeten werden. Das ist meist unkompliziert zu machen.

Bei den Vorspeisen können ebenfalls Bestandteile unverträglich oder unbeliebt sein. Hier sollte auf keinen Fall aus Höflichkeit der Teller geleert werden. Es können eventuell auch – statt Ziegenkäse oder Krustentieren, die nicht den eigenen Vorlieben entsprechen oder nicht vertragen werden – Alternativen wie Parmesan auf dem Salat oder ein Antipasti-Teller ohne Meeresfrüchte angefragt werden. Gute Restaurants sind in aller Regel flexibel und bieten meist mindestens eine Variante an, die jeweiligen Gänge zu verändern.

Einen ganzen Gang zu überspringen, ist ebenfalls möglich, indem er vorher bereits abbestellt oder nach dem Servieren nicht gegessen wird. Das sollte möglichst nicht bei allen Gängen der Fall sein. Daher vorher für Alternativen sorgen. Aber wenn ein Gang ausgelassen wird, so wird der Gastgeber darüber hinwegsehen und es nicht als Unhöflichkeit des eingeladenen Gastes empfinden.

Was Alkohol angeht, so ist es angebracht, die Auswahl des Gastgebers zu respektieren oder zumindest nicht negativ zu bewerten. Gerade bei Weinen kann es sein, dass der Einladende bestimmte Kenntnisse zum Tragen kommen lassen möchte. Wenn er dann zu einem bestimmten Gang eine Rebsorte wählt, die nicht den eigenen Vorlieben entspricht, so sollte zumindest probiert werden. Entweder erlebt

8.3 Bei Einladungen nicht alles „schlucken"

man, dass der Wein zum Essen eventuell doch mundet. Oder es wird in diesem Falle auf den Begleitwein verzichtet und der nächste Gang abgewartet.

Wird der Gast während des Essens nach eigenen Weinvorlieben gefragt, so können die Wünsche selbstverständlich vorgetragen werden. Eventuell einigen sich Gastgeber und Tischbegleitung dann auf einzelne Gläser oder es werden bei einer ausreichend großen Gesellschaft unterschiedliche Flaschen bestellt.

Hier gehört ein wenig Fingerspitzengefühl hinzu, da einige Einladende sich als Weinkenner fühlen (oder tatsächlich sind). Sollte daher keine allzu große Abneigung gegen die vorgeschlagenen Weine bestehen, so ist es ratsam, diese zu versuchen, selbst wenn es nicht die eigenen Lieblingsweine sind.

Die Menge sollte ebenfalls eine Rolle spielen. Gar keinen Wein zu trinken ist, wenn nicht Krankheits- oder Unverträglichkeitsgründe dafür ausschlaggebend sind, für den Gastgeber eventuell eine Enttäuschung, in einigen Ländern sogar ein Affront. Daher ist ein kleiner Schluck zum Anstoßen und gemeinsamen Genießen höflich. Allerdings wirklich nur, wenn der Alkohol vertragen und nicht mit Widerwillen getrunken wird.

Zu viel des Guten ist dagegen ebenfalls nicht empfehlenswert. Das zeichnet einen seriösen Geschäftspartner definitiv nicht aus. Es handelt sich bei dem gemeinsamen Essen mit Kunden oder Partnern ja nicht um eine private Veranstaltung, so dass ein Abendessen oder Lunch nicht zu einer Alkohologie ausarten darf.

Daher sollte Einladungen unter Geschäftsfreunden mit offener Grundhaltung und Neugier begegnet werden, es ist jedoch nicht notwendig, sich in allen Details an die Vorgaben des Gastgebers zu halten. Hier können individuelle Wünsche und Vorlieben (möglichst im Vorfeld) geäußert werden, um sich sowohl während des Essens als auch nach dem gemeinsamen Termin wohl zu fühlen.

Iss zu Hause mit Spaß

Auftakt: Home sweet Home

Wer viel unterwegs ist, freut sich meist umso mehr, Zeit in den eigenen vier Wänden verbringen zu können. Hierzu gehört die gewohnte Atmosphäre, die Erholung und Entspannung bedeutet. Das selbst gewählte Umfeld sollte nach bewegenden und anstrengenden Tagen im Unternehmen oder auf Geschäftsreise eine Möglichkeit zum Kraftschöpfen bieten.

Ein wichtiger Aspekt hierbei ist, dass man sich zu Hause gut ernährt und daran Freude hat, möglichst gemeinsam mit Familie und Freunden zu genießen. Gerade Führungskräfte benötigen einen Rückzugsbereich, an dem sie sich fallen lassen und zur Ruhe kommen können. Das ist besonders angenehm, wenn in vertrauter Umgebung und netter Gesellschaft gemeinsam gegessen wird.

Das Kochen kann dabei ein Vorgang sein, der den Kopf frei und für Neues aufnahmebereit macht. Oder es können schnell zubereitete Speisen auf den Tisch kommen, die täglich für kleine, delikate Highlights sorgen. Ein bisschen Planung und ein Quäntchen Know-how ist schon ausreichend, um zu Hause gut zu leben und zu essen.

Daher werden in diesem Gebot die Annehmlichkeiten beschrieben, die ein Essen zu Hause mit sich bringt. Der Vielfalt und Kreativität sind dabei keine Grenzen gesetzt. Bereits mit dem Einkauf beginnt ein schöner Akt, der angenehme und leckere Zeiten zu Hause einläutet.

Die Zubereitung der Mahlzeit kann ein echtes Vergnügen sein – allein, zu zweit oder mit der Familie. Ein angenehmer Nebeneffekt des selbst zubereiteten Essens ist die Tatsache, dass nur die nach eigenen Vorlieben ausgesuchten Gerichte auf den Teller kommen. Eine willkommene Abwechslung zu Mahlzeiten in Restaurants, Kantinen und Büros.

Wer dann noch Muße hat, ein Menü zu planen und dazu Freunde einzuladen, gute Weine zu öffnen und das Ambiente stimmig zu gestalten, bei dem wird Erholung und Genuss kombiniert und führt zu einem wahren Energieschub für die Aufgaben des nächsten Tages oder der anstehenden neuen Woche.

Dass zu Hause möglichst ausgewogen und bekömmlich gekocht werden sollte, ist selbstverständlich. Hin und wieder dürfen auch kleine Abweichungen vom Plan stattfinden und sind sogar erwünscht. Gerade für Führungskräfte, deren Alltag von täglichen Pflichten, Disziplin und Selbstbeherrschung geprägt ist, ist es wichtig, zu Hause auch einmal großzügig zu sich selbst sein zu können und den eigenen Bedürfnissen nachzukommen. Ohne dabei allzu sehr über die Stränge zu schlagen.

Das gilt auch für das eigene Ernährungsverhalten. Ein klein wenig sündigen erzeugt oft ein befreiendes, befriedigendes Gefühl. Es sollte immer noch eine Ausnahme bleiben bzw. das Bewusstsein für die besondere Situation muss vorhanden sein. Dann ist der Genuss groß und am nächsten Tag können kleine Ausschweifungen wieder wettgemacht werden. Hierzu finden sich am Ende des Gebots auch einige Genuss-Kreationen von prominenten Köpfen, die sich gerne einmal mit Hausmannskost verwöhnen.

Was Angela Merkel, Wolfgang Schäuble oder Roland Koch neben weiteren bekannten Politikern gerne kochen, wenn sie zu Hause sind und es sich gut gehen lassen, das verraten sie in ihren Lieblingsrezepten. Diese sind leicht zuzubereiten und bieten sicherlich für jeden (noch so verwöhnten) Geschmack eine Option, sich in der Küche zu versuchen.

Denn bekanntlich ist es zu Hause am schönsten – hier lässt es sich entspannt, in Ruhe und geschmackvoll genießen, um dem anstrengenden Geschäftsalltag etwas entgegensetzen zu können, das Genuss, Wohlbefinden und neue Energie verspricht.

9.1 Der Einkauf entscheidet

Heutzutage erscheint es selbstverständlich, dass wir jederzeit alles erhalten können. Doch ist das wirklich erstrebenswert und von elementarer Bedeutung? Erdbeeren im Winter oder Grünkohl und Satsumas im Hochsommer? Darüber hinaus sind Produkte aus dem fernen Ausland oft nicht in der Qualität erhältlich, wie sie sein sollte. Nämlich frisch und reif, genau wie man sie in ihren Herkunftsländern genießen kann.

Hier gilt es grundsätzlich, einmal über die eigenen Verhaltensweisen beim Einkauf nachzudenken. Wo kaufe ich ein? Welchen Händlern kann ich vertrauen? Und woher beziehe ich beste Qualität? In den meisten Fällen ist dies gar nicht so schwer zu entscheiden, denn wer in seiner näheren Umgebung einkauft, wird schnell die einzelnen Supermärkte, Gemüse- und Delikatessläden sowie Märkte kennenlernen und entdecken, welche Einkaufsorte er bevorzugt.

Wichtig ist, ein wenig vorzuplanen. Nur, wenn vor einem Reisetag eingekauft wurde, kann morgens für den Weg zum Kunden oder zur Tagung das Gewünschte mitgenommen werden. Gleiches gilt, wenn die Reise erst spät abends wieder endet. In solchen Fällen ist es sinnvoll, wenn noch ein paar Lieblingsprodukte im Kühlschrank zu finden sind.

Worauf also kommt es an, wenn wir jederzeit mit guten Lebensmitteln versorgt sein wollen?

Frische

Da es meist keinen Spaß macht, auf schrumpelige Äpfel, trockene Käsescheiben oder schlapp aussehende Salatblätter zurückgreifen zu müssen, ist es entscheidend, seine Quellen für frische Produkte ausfindig zu machen. Häufig gibt es auf dem Weg zur Arbeit einen Bäcker, der eventuell schon früh morgens seine knusprigen Brötchen oder frisch gebackenes Brot anbietet. Oder abends auf dem Weg nach Hause hat noch ein Gemüsegeschäft geöffnet, das bis Mitternacht knackiges Obst und Gemüse verkauft.

Diese Orte sind meist gar nicht so schwer auffindbar, wenn man sein Viertel einmal aufmerksam durchschreitet oder seinen Radar auf dem Weg zur Arbeit einschaltet, um neue Orte für seinen Einkauf aufzutun.

Es macht sogar Spaß, gewisse Gewohnheiten oder Rituale aufzunehmen, um sich mit den gewünschten Lebensmitteln versorgen zu können. Meist weiß der Verkäufer nach einer bestimmten Zeit schon genauer, was er seinen Kunden anbieten kann, wenn diese zu früher oder später Stunde erscheinen. Diese Besucher treten nicht mit der Masse auf, sondern heben sich durch die ungewohnten Einkaufszeiten von anderen ab, so dass sie in Erinnerung bleiben.

Das Bestellen bestimmter Produkte, die in den nächsten Tagen abgeholt werden können, garantiert Frische. Diese Sonderwünsche werden meist „just in time" bestellt und liegen für den Kunden bereit.

Es lohnt sich also, seine Augen für kleinere oder interessantere Einkaufsmöglichkeiten als lediglich einen lange geöffneten Supermarkt offen zu halten, um künftig besser einkaufen zu können. Meist zahlt es sich aus, da frische Produkte besser schmecken und bekömmlicher sind.

Qualität

Mehrere ähnliche Produkte miteinander zu vergleichen, ist ratsam, um immer öfter gute Qualität bei Lebensmitteln zu erhalten. So sind in Supermärkten häufig Eigenmarken im Angebot, die günstiger als Markenware sind und in vielen Fällen besser schmecken. Da das jedoch nicht immer der Fall ist, hilft nur eines: ausprobieren.

Wer Interesse an Lebensmitteln und an gutem Essen hat, wird neugierig sein, worin sich Produkte, die auf den ersten Blick gleich erscheinen, unterscheiden. Häufig sind wir sehr kritisch und lassen sämtliche unserer Sinnesorgane spielen, wenn wir einen Wein verkosten. Doch warum nicht genauso bei Essbarem verfahren?

Das gilt für Birnen aus dem Obstladen, vom Markt oder der Delikatessabteilung eines Kaufhauses. Gleichermaßen für den Bergkäse aus dem Spezialitätengeschäft, vom Allgäuer Bauern auf dem Marktplatz und im Supermarkt.

Bei all diesen Produkten ist es wichtig, sich selbst ein Bild davon zu machen, welche Lebensmittel munden und dem eigenen Geschmack entsprechen. So ist es eventuell überraschend, dass ein Frischkäse der Supermarkt-Eigenmarke cremiger und vollmundiger schmeckt als ein Markenprodukt eines Lebensmittelkonzerns. Wobei einzelne Eigenmarken auch „Nebenprodukte" eines bekannten Herstellers sind, der einen Teil seiner Waren unter anderem Label verkauft. Hier verschaffen der möglicherweise angegebene Herkunftsort auf der Verpackung oder eine kurze Recherche im Internet oft Klarheit.

In jedem Falle ist ein Vergleich sinnvoll, um künftig seine Lieblingsprodukte vorrätig zu haben. Nur, wer abends nach Hause kommt und wirklich leckere und qualitativ hochwertige Speisen vorfindet, wird Lust haben, diese noch zu einem selbst gemachten Abendessen zu verarbeiten und nicht auf den Pizzaservice Rückgriff zu nehmen.

Das gleiche gilt für belegte Brote oder frischen Quark mit Früchten, die von zu Hause zur Arbeit mitgenommen werden. Die Qualität muss stimmen. Ansonsten erhält der Coffee Shop auf dem Weg ins Büro den Vorzug, was meist nicht die bessere Wahl bedeutet.

Abwechslung

Der Mensch ist ein Gewohnheitstier – ja. Das gilt für bestimmte Lebensmittel, die immer gerne gegessen werden bzw. den persönlichen Vorlieben entsprechen. Es können der tägliche Apfel (an apple a day keeps the doctor away) oder eine bevorzugte Kaffeesorte sein. Ansonsten ist es für Körper und Seele einfach schöner, unterschiedlichste Impulse zu erhalten. Gerade Führungskräfte, deren Arbeitsumfeld meist von verschiedensten Herausforderungen geprägt wird, ist es bei der Lebensmittelauswahl ebenfalls eine Freude, sich mit überraschenden, neuen Speisen für den Führungsalltag zu motivieren.

Warum nicht einmal in dem gerade eröffneten afghanischen Spezialitätenladen ein paar Gewürze ausprobieren? Vielleicht beim italienischen Delikatessgeschäft eine Käsesorte ausprobieren, die ungewöhnlich aussieht? Oder auf dem Markt eine alte Rübe wiederentdecken, die zu einer tollen Suppe verarbeitet werden kann?

Vielseitige Lebensmittel sorgen für das Entstehen von Kreativität, die für Führungskräfte so entscheidend ist. Wie etwas verarbeitet wird, was aus einer Grundzutat entstehen kann und mit wem man dieses Erlebnis teilen möchte – all das kann zu einem kleinen Ereignis werden, welches für motiviertes Leben und Arbeiten sorgt.

Wer Spaß daran hat, kann gemeinsam mit Freunden bei einem Marktgang Neues und Ungewohntes probieren und einkaufen. Das alles zusammen beim anschließenden Essen mit allen Sinnen zu erkunden, erweitert den (kulinarischen) Horizont, führt zu mehr Ideenreichtum und kann einen bleibenden Eindruck hinterlassen.

Nimmt ein Händler einen unbekannten Fisch oder eine ungewohnte Gemüsesorte ins Programm, so führt das oft zu außergewöhnlichen Geschmackserlebnissen und mündet häufig in einem erweiterten Ernährungsplan oder bleibt eventuell auch eine einmalige Erfahrung, die nicht nach Wiederholung schreit. Doch in Erinnerung wird ein solcher Versuch in jedem Falle bleiben.

Genuss

Es gibt zahlreiche Vorschläge, wie und wo der Einkauf am besten und effektivsten erfolgen kann. Wichtig ist jedoch hierbei, immer seine eigenen Vorlieben im Auge zu behalten. So kann es sein, dass alle zu einer bestimmten Saison von Spargel oder Gänsebraten schwärmen, man selbst jedoch nicht begeistert davon ist. In diesem Falle sollte nach alternativer Saisonware Ausschau gehalten werden, um seinen persönlichen (Ab-) Neigungen nachzukommen. Manche Produkte sind von Tradition oder schlechten Erlebnissen in der Kindheit vorbelastet, so dass hier niemals Genuss und Wohlgefallen entstehen können.

Wer also zu bestimmten Zeiten an seinen gewohnten Einkaufsorten auf saisonale Highlights trifft, kann aus einer breiten Auswahl seine Lieblingsprodukte wählen. Wer sich nicht für Pfifferlinge erwärmen kann, hat möglicherweise als Alternative Steinpilze zur Auswahl. Selbst wenn der Händler oder ein anderer Ratgeber ein Produkt wärmstens empfiehlt, muss man es nicht in seinen Einkaufskorb legen, weil „man" es gerade isst. Sich bewusst für etwas zu entscheiden und sich dabei nicht von allgemeinen Trends leiten zu lassen, bedeutet selbstbestimmtes Einkaufen und damit verbundenen Genuss.

Es gilt immer, seine persönlichen Bedürfnisse zu kennen, seinen Neigungen entsprechend einzukaufen und hierbei auch die Bekömmlichkeit zu beachten. Was einmal schwer im Magen lag, wird auch beim nächsten Einkauf nicht bevorzugt ausgewählt werden.

Planung

Wer seinen engen Zeitplan kennt und einschätzen kann, wird von selbst darauf kommen, dass Einkaufszeiten bewusst eingerechnet werden müssen. Schön ist es, mit viel Zeit und Muße am Wochenende über den Wochenmarkt zu schlendern. Doch unter der Woche sollen frische, qualitativ hochwertige Lebensmittel ebenfalls nicht zu kurz kommen.

So ist es durchaus sinnvoll, sich über die Öffnungszeiten von Läden in der näheren Umgebung von zu Hause oder dem eigenen Büro zu erkundigen. Häufig gibt es mittlerweile Geschäfte und Marktplätze, an denen zu ungewöhnlichen Zeiten eingekauft werden kann. Der Bauer, der seinen Hofladen bereits früh morgens kurz nach der Erntezeit öffnet, die Marktstände, die häufig schon ab 6 Uhr verkaufen oder der türkische Spezialitätenhändler, der bis nach Mitternacht geöffnet hat.

Das alles trägt dazu bei, sich an zeitig beginnenden oder spät endenden Tagen mit gewünschten Lebensmitteln zu versorgen. Wer auf Geschäftsreise ist und Gegenden besucht, die er bereits kennt, wird eventuell sogar Spaß daran haben, Lebensmittel vor Ort mitzunehmen. In französischen Großstädten wird möglicherweise ein Delikatess-Händler ausfindig gemacht, bei dem es köstliche Lebensmittel gibt. Wer zu einem Geschäftstreffen an der norddeutschen Küste unterwegs ist, will vielleicht (geräucherten) Fisch mitnehmen.

Hierfür ist es notwendig, die entsprechenden Orte kennenzulernen und womöglich auch eine Stunde Zeit einzuplanen, in der ein Einkauf getätigt werden kann. Die Besorgung ist dann neben der Notwendigkeit, gute Lebensmittel beschaffen zu wollen, zudem eine genussvolle Tätigkeit.

Einzige Voraussetzung für das Einkaufen bleibt jedoch immer, ein wenig Zeit darauf verwenden zu wollen und sich mit Lebensmitteln und Bezugsquellen zu beschäftigen. Das sollte man einplanen und Lust dazu haben. Wer kein Interesse daran hat und es nicht für wichtig befindet, wird mit minderwertigen Produkten Vorlieb nehmen müssen. Es lohnt sich also, sein Interesse diesem Bereich zu widmen, so dass auf Dauer eine genussvolle, gesunde und bekömmliche Ernährung möglich wird. Speziell bei knappem Zeitbudget.

9.2 Wer selbst kocht, bekommt immer sein Lieblingsgericht

Viele Menschen kochen gerne. Kochen ist in den letzten zehn Jahren zu einem weit verbreiteten Hobby der Deutschen geworden. Eine nie dagewesene Zahl an Kochshows unterstützt diesen Trend. Diejenigen, die Küchenarbeit als entspannend empfinden, sind zu beglückwünschen, denn sie gehen bereits achtsam und kontrolliert mit Lebensmitteln und deren Zubereitung um. Gleichwohl hat nicht jeder Lust oder die Zeit, sich lange in der Küche aufzuhalten. Man sollte sich nach Möglichkeit nach und nach mit der Arbeit am und mit dem Essen befassen und lediglich die wenigsten werden nach einer gewissen Zeit keine Freude am Kochen entwickeln.

Wer eher schnell und unkompliziert essen möchte, muss trotzdem nicht auf die Vorteile eines selbst gekochten Essens verzichten. Oft bekommt man in Restaurants nur Kompromisslösungen, das Essen bei Freunden ist nicht immer hundertprozentig nach dem eigenen Geschmack und die gekauften Fertiggerichte entsprechen schon gar nicht den eigenen Erwartungen.

So bleibt eigentlich keine andere gangbare Lösung, als gemeinsam mit seiner Familie oder Freunden das Essen selbst zuzubereiten. Dies kann zu Beginn etwas arbeitsintensiver sein, da das Kennenlernen neuer Produkte Zeit in Anspruch nimmt und deren Zubereitung etwas Übung bedeutet. Doch nur so kommt man wirklich in den Genuss dessen, was man wirklich essen möchte. Was schmeckt und gleichzeitig bekömmlich ist.

Diese Vorteile überwiegen im Vergleich zu dem (vermeintlich) raschen Gang zum Schnellimbiss oder Pizzabäcker. Nicht immer stimmen Qualität, Frische oder Kombination verschiedener Zutaten beim Außer-Haus- oder Lieferservice mit den eigenen Vorstellungen von gutem Essen überein.

Die richtige Einstellung

Essenszubereitung gilt vielen als lästig oder überflüssig. Oder die Verantwortung hierfür wird an jemand anderen übergeben, der vermeintlich mehr Lust oder Ahnung vom Thema hat. Doch gerade für Führungskräfte ist es entscheidend, besonders durch die richtige Ernährung und deren gute Bekömmlichkeit fit und leistungsfähig zu bleiben. Das ist nicht immer gegeben, wenn man die Aufgabe, sich um angemessenes Essverhalten zu kümmern, aus der Hand gibt.

Dabei ist es so einfach und gleichzeitig eine echte Erfahrung, sich mit Lebensmitteln und deren Wirkung auseinanderzusetzen. So können bestimmte Gewürze sich positiv auswirken, Nüsse und Samen Energie spenden und einige Genussmittel die Stimmung nach einem kurzen Durchhänger aufhellen. Sich damit zu beschäftigen, kann für die Leistungsfähigkeit ein wesentlicher Faktor sein. Wer ein wenig Interesse hat, wird schnell die für sich richtigen Lebensmittel finden.

Nur ein paar wenige Beispiele hierfür, die eventuell Lust auf mehr machen und auf das Thema einstimmen: Thymian, Lorbeer oder Kümmel sind gut für Magen und Verdauung, geriebene Muskatnuss und Zimt heben die Laune und Gewürznelken wirken desinfizierend im Mundbereich, so dass sie hier für gute Hygiene sorgen.

Sesam, Kürbis- oder Sonnenblumenkerne spenden lebensnotwendige Energie und können die Muskulatur in Schwung bringen. Walnüsse oder andere Nussarten sind hervorragend geeignet, um Gehirn und Nerven auf Trab zu bringen.

Und natürlich kennt jeder die kurzfristigen Auswirkungen einer belebenden Tasse Kaffee (alternativ sei auch einmal ein erfrischender Ingwer-Zitronen-Tee angeraten) oder das Stück Schokolade (warum nicht auch mal Trockenobst probieren?), das sich positiv auf den müden Organismus und Kopf auswirkt.

Wer jetzt Interesse am Thema hat, sollte diesen Wissensdurst gleich für sich in die Tat umsetzen und das Thema Ernährung auf der Prioritätenskala nach oben setzen. Z. B. durch einen selbst getätigten Einkauf auf dem Markt inklusive Beratung durch die entsprechenden Fachleute vor Ort oder das Planen eines selbst gekochten Essens, welches in der Zubereitung nicht aufwendig sein muss und einfach nur genussvoll sein soll.

Mit dieser offenen Einstellung gegenüber Ernährung, ist der erste wichtige Schritt gemacht, um sich näher mit der Thematik zu befassen. Wer Weinliebhaber ist, wird eventuell über diesen Weg Spaß am Erkunden von Speisen finden, die mit den jeweiligen Tropfen gut harmonieren.

Wen chemische Prozesse während der Speisenzubereitung faszinieren, wird sicherlich das Thema Backen interessant finden, denn hier sind so viele Vorgänge zu beobachten, die der praktischen Naturwissenschaft entnommen sind, dass sich hierbei neue Erkenntnisse gewinnen lassen.

Also – einfach beginnen mit dem Küchenlatein und dem Tatendrang freien Lauf lassen. Eine appetitlich aufbereitete Brotzeitplatte mit diversen Schinken- und Käsespezialitäten, Antipasti und Gemüsehäppchen sind für einen Einsteiger schon ein guter Start, um Lust auf mehr zu bekommen. Los geht's…

Die passende Ausstattung für den Einstieg

Geschirr und Besteck
Beim **Geschirr** sollte auf jeden Fall für eine ausreichende Menge an Ess-, Frühstücks-, Suppen- und Salattellern gesorgt werden. Nicht nur für die Familie, son-

dern auch für Gäste sollte die Ausstattung reichen. Dann macht das Kochen mehr Spaß! Große Schüsseln für Salate oder Suppen, Platten für Käse oder Aufschnitt sowie Tassen für Espresso, Kaffee und Tee gehören zur Grundausstattung dazu. Was wichtig sein kann, ist die Frage, ob das Geschirr für die Spülmaschine geeignet ist. Das ist bei Tellern und Tassen mit hohem Vergoldungsanteil nicht immer der Fall, daher hier gut informieren.

Was das **Besteck** angeht: Hier zahlt sich gute Qualität aus, weil dieses meist langlebiger als das Geschirr ist. Es wird je nach Mode und Geschmack häufiger ausgetauscht als das Besteck, das eher zeitlosen Charakter hat.

Küchenmesser sind ein wichtiger Bestandteil der Küchenausstattung, weil die Messer nahezu täglich im Einsatz sind und daher eine gute Klinge haben müssen. Diese kann aus Edelstahl oder Keramik sein. Es gibt zahlreiche Modelle. Am besten mehrere ausprobieren, den Favoriten auswählen und dann eine Reihe von Küchenmessern in unterschiedlichen Größen kaufen, die für verschiedene Lebensmittel verwendet werden können.

Kochgeschirre

Bei **Töpfen und Pfannen** ist es nicht erforderlich, allzu viel zu beschaffen. Es ist völlig ausreichend, zunächst einmal eine kleinere und eine große Pfanne zu haben, in der vom einzelnen Spiegelei bis hin zu ganzen Wok-Gerichten alles zubereitet werden kann. Auch Töpfe in drei Größen sind zunächst genug – für Pasta ein größerer Topf, Gemüsebeilagen in der mittleren Variante und Soßen im kleinen Modell.

Wichtig ist, die Kochgeschirre auf den Herd abzustimmen – Induktionsherde benötigen andere Produkte als Ceran-Felder oder Gasherde. Hier sollte auf jeden Fall eruiert werden, welche Alternativen in Frage kommen. Wer es lieber praktisch mag, der wählt leichtere Aluminiumvarianten, wer es edel liebt, kann auch Kupfergeschirre nutzen, die jedoch schwerer sind und mehr Pflege bedürfen. Teflon-Beschichtung ist ebenfalls eine Option – hier kann äußerst fettsparend gekocht und gebraten werden.

Auflaufformen, Bräter oder Römertöpfe sind eine gute Möglichkeit, um schnelle und unkomplizierte Gerichte zuzubereiten. Gemüse- und Fischgerichte, Fleischfilets oder Bratenstücke können schonend in einer Auflaufform oder einem Bräter zubereitet werden. Der Römertopf macht das Essen saftiger und ist äußerst einfach in der Handhabung – also für beginnende Hobbyköche bestens geeignet.

Back- und Springformen sollten auch eingeplant werden, da hier nicht nur Kuchen oder süße Tartes zubereitet, sondern auch herzhafte Quiches oder selbst gebackene Brote in den Ofen geschoben werden können. Das ist leicht und lecker, besonders, wenn dazu ein Salat oder frische Rohkost serviert wird. Anfängerfreundlich bzw. für Menschen mit wenig Zeit bestens geeignet.

Elektro-Kleingeräte

Handrührgeräte, Stab- und Standmixer oder gleich eine Küchenmaschine – hier kommt es darauf an, wie intensiv diese genutzt werden. Eventuell muss es nicht gleich der „Alleskönner" Küchenmaschine sein und es reichen die einzelnen Geräte aus. Für Suppen und Soßen der Stabmixer und wer nur selten Teig oder Tarte-Böden zubereitet, kommt mit einem Handrührgerät gut aus. Für Säfte und Smoothies oder mit Milch gemixte Drinks sind Standmixer genau richtig.

Wer allerdings mehr vorhat, kann mit einer Küchenmaschine liebäugeln. Edel sind natürlich die farbenfrohen Modelle von KitchenAid, die auch außerhalb des Schranks gut aufgehoben werden können und ein wahres Schmuckstück sind. Hier können alle Arten von Zubereitung vorgenommen werden – Mixen, Rühren, Kneten, Raspeln, Schneiden…der Fantasie sind keine Grenzen gesetzt. Sinnvoll ist es, sein eigenes Kochverhalten zu hinterfragen und die Notwendigkeit einer größeren Investition in Betracht zu ziehen. Für den Anfang sind kleinere Anschaffungen sicherlich die bessere Alternative, um ein teures bzw. Hightech-Gerät nicht einstauben zu lassen.

Kaffeemaschinen sind ebenfalls eine wichtige Anschaffung. Wer gerne frisch gebrühten Kaffee und Espresso trinkt, der ist mit einem Vollautomaten gut ausgestattet. Zumal das Zubereiten einzelner Tassen möglich ist. Die Auswahl ist hier schier unbegrenzt – von relativ einfachen Maschinen der gängigen deutschen Anbieter bis hin zu Einzelstücken italienischer Markenproduzenten, die eigentlich in den Tresor gehören…hiermit Kaffee zuzubereiten, hat nahezu meditativen Charakter.

Fast schon Retro-Charme haben Kaffeemaschinen mit Filter bzw. Kaffeekannen, die einen Porzellanaufsatz haben, in den das Kaffeepulver gefüllt wird, um Filterkaffee bester Qualität zu erhalten. Das ist eine einfachere Möglichkeit, um ausgezeichneten Kaffee herzustellen. Besser jedoch gleich mehrere Tassen, sonst lohnt der Aufwand nicht.

Der größere Genuss

Mit Sicherheit gibt es zahlreiche gute Restaurants und Delikatessenhändler, die fertige Gerichte hervorragend zubereiten. Aber es ist doch nochmals ein Unterschied, sein Essen zu Hause zuzubereiten und die Produkte alle selbst gewählt und verarbeitet zu haben. Dadurch können Kombinationen ausprobiert werden, die es nirgendwo anders zu finden gibt. Mit Zutaten, die eventuell ungewöhnlich sind oder in ihrer persönlich favorisierten Zusammensetzung einzigartig sind.

Es gibt „Nostalgie-"Gerichte, die von der Mutter oder Oma zubereitet wurden und ihre eigene Besonderheit aufweisen oder mit altbekannten Zutaten hergestellt sind. Wer das einmal schätzen gelernt hat, wird sehr gute Erinnerungen haben, wenn er diese Speisen in der eigenen Küche wieder aufleben lässt. Zum Teil sind es einfache Mahlzeiten, die in einem Restaurant gar nicht mehr angeboten werden. Grießbrei mit untergezogenem Eigelb und Eischnee, der mit Zimt und Zucker sowie einem Stückchen kalter Butter zu einem wahren (Retro-) Erlebnis wird. Eier mit Salzkartoffeln und Rahmspinat, der mit einem Schuss frischer Sahne und Muskatnuss zubereitet wird. Oder auch einfach das frisch gekochte Apfelmus mit einem Löffel Schmand und geriebener Zartbitterschokolade abgerundet zum Dessert. Was könnte es Schöneres geben?

Das Zubereiten von selbst gekochten Speisen ist also immer eine gute Alternative zum Restaurantbesuch oder Convenience Food, da es oft gesünder, genussreicher und um ein Vielfaches individueller ist als die oft servierte Massenware. Das Ausprobieren neuer Varianten ist ebenfalls ein großer Spaß, so dass es nach einer gewissen Zeit eine Auswahl persönlicher Favoriten auf dem Speiseplan gibt, die man nicht mehr missen möchte.

Als Anregung zur Kreativität ist Kochen gerade für Führungskräfte ein probates Mittel. Eines, das Genuss und Freude bedeutet. Dabei ist es unerheblich, ob die eher einfachen Gerichte nach Hausmacherart den Vorzug erhalten oder das aufwändige Drei-Gänge-Menü mit exotischen Zutaten den Zuschlag erhält. Es ist immer ein Experiment, die eigene Küche häufiger zu nutzen, und damit ein absolut berechtigtes Unterfangen. Am besten gleich einmal austesten.

9.3 Mit Freunden gutes Essen genießen

Selbst wenn eine Führungskraft im Geschäftsalltag mit vielen Menschen zusammentrifft, so ist es doch nochmals etwas anderes, die Freizeit mit der Gesellschaft ihrer Wahl zu verbringen. Familie und gute Freunde sind immer bereichernd und können für einen wahren Energieschub sorgen.

Ein Abend in angenehmer Atmosphäre, mit einem selbstgekochten Essen und dazu passenden Weinen ist immer ein großer Genuss. Nach und nach leckere Speisen aufzutischen, dazu harmonierende Getränke anzubieten und der Unterhaltung über Gott und die Welt freien Lauf zu lassen – etwas Schöneres gibt es kaum.

Es gehören nur ein kleiner Aufwand und ein bisschen Planung dazu, um solche Ereignisse gemeinsam zu erleben. Meist ist die Terminfindung eines der größten

Probleme für eine Führungskraft. Oft sind Geschäftsreisen oder Vorbereitungen für neue Projekte zeitintensiv und stehen nicht selten auch am Wochenende auf der Agenda.

Daher ist es wichtig, Freiräume zu schaffen, um Treffen mit seinem bevorzugten Umfeld zu organisieren. Das ist wichtig, um auch wieder Energie tanken zu können und den Kopf frei für Neues zu machen. Am besten gelingt dies, wenn die geschäftlichen Aktivitäten einmal komplett ausgeblendet werden, die Konzentration auf ein anderes Thema gelenkt wird und dadurch neue Impulse für die anstehende Woche gegeben werden.

Bereits ein Einkauf auf dem Markt kann zur Entspannung beitragen, wenn vorher überlegt wurde, was für ein Abendessen in größerer Runde benötigt wird. Eventuell müssen mehrere Stationen eingeplant werden – von den Marktständen, über den Delikatesshändler, Fisch- und Brotladen sowie dem abrundenden Einkauf im Supermarkt. Doch es macht Spaß, sich mit einer Menüabfolge zu beschäftigen, die genau das auf den Tisch bringt, worauf man während der Geschäftsreise eventuell verzichten musste.

Nach dem Einkauf kann die Vorbereitung entspannt vorgenommen werden. Je nachdem, ob man längeres Verweilen in der Küche als angenehm empfindet oder die Essenszubereitung eher kurz und knackig gestalten möchte, können unterschiedliche Speisenfolgen geplant werden.

Für den Küchenliebhaber werden Soßen und Suppen, aufwändige Terrinen oder Pasteten sowie fulminante Backwerke zum Dessert eine tagesfüllende Aufgabe. Wer es unkompliziert liebt, der wird einen Salat (mit bereits vom Fischhändler vorbereiteten) Krustentieren servieren, als Hauptgang Fisch oder Fleisch mit Gemüse im Ofen schmoren lassen und Früchte oder ein hochwertiges Eis zum Dessert anbieten. Für jeden Geschmack und jedes Zeitbudget gibt es Alternativen für ein Abendessen mit Freunden.

Was jedoch für alle Menüs gelten sollte – die Qualität der Produkte und ein bisschen Spaß bei der Zubereitung sind die Voraussetzung für ein gelungenes Essen. Dann kann das gemeinsame Tafeln zu Hause zu einem genussvollen Erlebnis und Kraftspender werden, der für sich und die anderen zu einem echten Highlight mit Erinnerungswert führt.

Selbst bei wenig Zeit, aber dennoch Lust auf nette Gäste – keiner sollte auf eine Einladung verzichten müssen. Wer Freunde oder Familie zu einem selbst gekochten Menü einladen möchte, muss dafür nicht stundenlang in der Küche stehen. Schnelle Rezepte für Gäste sorgen für eine stressfreie Vorbereitung und entspanntes Miteinander. Raffinierte Vorspeisen wie Lachstatar oder Bruschette aller Art und köstliche Hauptgerichte wie gedämpfter Lachs aus dem Ofen oder gebratene Jakobsmuscheln – alles ist ohne zeitlichen Stress und großen Aufwand machbar.

Mit ein bisschen Übung und Routine wird Einkauf und Zubereitung immer selbstverständlicher. Mit ein paar „Standards" können genussreiche Abende unkompliziert vorbereitet werden. Der Effekt ist oft überwältigend – gute Gespräche und viel Spaß beim Verzehren von Speisen sowie dem Verkosten schöner Weine sind garantiert und das Erlebnis nachhaltig. So können gute Laune und Energie mit in die neue Woche genommen werden, um seinen Geschäften mit Erfolg nachzugehen.

9.4 Einfach lecker essen...mit Rezepten von Merkel & Co.

Was prominente Politiker zu Hause kochen, die ja in der Regel sehr viele Auswärtstermine und Restaurantbesuche auf ihrer Agenda haben, das wird hier unter die Lupe genommen.

Die meisten Gerichte sind bodenständig und handfest, oft mit einfachen, aber guten Zutaten hergestellt. Die Hausmannskost bildet einen schönen Kontrast zum oft manierierten Restaurantessen, das aus zahlreichen Einzel- bzw. Menübestandteilen zusammengesetzt ist.

Unten aufgeführte Rezepte enthalten keine schwer erhältlichen Bestandteile und sind von der Zubereitung her unkompliziert, aber eventuell etwas zeitaufwändig. Die Zutaten für alle Rezepte sind frisch und regional ausgerichtet. Wahres „Soul-" Food für Führungskräfte.

Sämtliche hier zu Wort kommenden Politiker sind meist von erstaunlich stabiler Gesundheit, ohne dabei die von zahlreichen Medien vermittelten Traummaße zu haben, woran man sieht, dass Führungskräfte nicht nur auf schlankmachende, sondern lieber auf gesunde und leistungssteigernde Ernährung achten sollten.

Vielleicht ist ja auch die eine oder andere Anregung für den heimischen Kochtopf dabei...

Angela Merkel (Bundeskanzlerin): Grünkohleintopf mit Kasseler

Zutaten 1 kg geputzter Grünkohl
Salz, Pfeffer, Zucker
2 mittelgroße Zwiebeln, 2 EL Butterschmalz
2–3 EL Gemüsebrühe
750 g Kartoffeln
500 g Kasseler
1 EL Senfkörner

Zubereitung Grünkohl verlesen und gründlich waschen. In reichlich kochendem Salzwasser portionsweise etwa 3 min blanchieren. Abtropfen lassen, grob hacken. Zwiebeln schälen und würfeln. Butterschmalz in einem Topf erhitzen. Zwiebeln darin anbraten. Grünkohl zugeben und ca. 1,5 l Wasser zugießen. Aufkochen und Brühe einrühren. Zugedeckt ca. 1 h kochen. Kartoffeln schälen, waschen und in Stücke schneiden. Kartoffeln 30 min vor Ende der Garzeit zum Grünkohl geben und mitgaren. Senfkörner in einer Pfanne ohne Fett kurz rösten und zugeben. Grünkohl mit Salz, Pfeffer und Zucker abschmecken. Kasseler am besten gleich im Stück zusammen mit dem Grünkohl kochen. Zubereitungszeit: ca. 1,5 h.

Wolfgang Schäuble (Bundesminister der Finanzen): Schwäbische Maultaschen

Zutaten Man bereitet einen Nudelteig aus 4–5 Eiern, 500 g Mehl und Salz zu (eventuell etwas Wasser) oder man kauft beim Bäcker einen fertigen Nudelteig, der bereits ausgewellt ist.

Fülle 600 g Wasserweck (alt)
750 g Suppenfleisch mit Knochen (Leiter oder Bug)
500 g Schweinefleisch zum Braten (Hals oder Bug)
250 g Spinatgemüse
1 großes Bund Petersilie
1 große Zwiebel
4–5 Eier
Salz, wenig Muskat
250 ml Rahm
250 ml heiße Milch

Zum Abkochen 3 l Wasser, Salz

Zum Abschmälzen Butter und Weckmehl

Zubereitung Aus dem Suppenfleisch und Knochen sowie Suppengemüse eine Fleischbrühe zubereiten, das Schweinefleisch ca. eine Stunde braten und ablöschen, mit dem Spinat, der Petersilie und der Zwiebel durch die Maschine drehen. Die Brötchen in feine Würfel schneiden, mit der kochenden Milch übergießen und kurz einweichen und mit den Eiern, dem Rahm, Salz und Muskat zu dem Fleischteig geben und alles gut vermischen.

Den Nudelteil ganz dünn auswellen, Vierecke (4–5 cm) oder runde Teigplatten ausrädeln und mit dem Fleischteig belegen. Teigränder mit Eiweiß bepinseln und übereinanderschlagen. 10 min in gesalzenem siedenden Wasser ziehen lassen, dann herausnehmen. Ein Teil der Maultaschen in die Fleischbrühe geben und als Suppe essen. Für den Rest eine Schmälze aus Butter und Weckmehl bereiten, über die heißen Maultaschen geben und zusammen mit Kartoffelsalat und grünem Salat essen.

Volker Bouffier (Ministerpräsident Hessen): „Mikado" Schweinelende mit Ananas und Currysauce

Zutaten (für 4 Personen) 1000 g Schweinelende
2 große Dosen Ananas
2–4 Eier Größe L
Paniermehl

Sauce ca. 100 g Butter
2 EL Mehl
2–3 Messerspitzen Curry
ca. 0,5 TL Salz
ca. 70 ml Sahne und 70 ml Milch
Wasser
ca. 0,5 TL gekörnte Brühe
2 Eigelbe

Zubereitung Ananas mit Eiweiß befeuchten und in Paniermehl wälzen. Fleisch in Medaillons schneiden, salzen und pfeffern und in Mehl wälzen. Ananas in heißem Öl ausbacken. Fleisch braten. Für die Sauce Butter auslassen, mit Mehl binden. Unter ständigem Rühren Milch, Sahne, Wasser, gekörnte Brühe hinzufügen und mit Curry und Salz abschmecken. Die Eigelbe in einem separaten Teller mit 1 EL Sauce anrühren und dann zu der restlichen Sauce geben (immer schön rühren). Dazu schmeckt Reis.
Tipp: Immer erst die Currysauce zubereiten und dann warm halten.

Claudia Roth (Bundestagsvizepräsidentin): Grüne-Krapfen-Suppe – eine schwäbische Suppe aus dem Unterallgäu

Die Grüne-Krapfen-Suppe ist eine im Geschmack vielfältige Suppe. Denn die grünen Krapfen harmonieren sehr gut mit verschiedenen Brühen. Meistens handelt es sich aber um Rinder- oder Gemüsebrühe, die wiederum sehr unterschiedlich zubereitet werden kann. Hier geht es um ein Familienrezept, wie Grüne Krapfen für die Suppe zubereitet werden.

Zutaten und Zubereitung Teig: ca. 1 kg Mehl, 5 Eier, Wasser nach Bedarf
Mehl auf Nudelbrett sieben, kleine Mulde für die Eier formen, Eier aufschlagen und in die Mulde geben. Beides unter Zugabe von kaltem Wasser zu einem homogenen festen Teig kneten. Teig etwas ruhen lassen. Mit einer Nudelmaschine oder auch mit einem Teigroller werden dünne, ca. 50–80 cm lange, 8 cm breite Nudelbahnen hergestellt, die dann auf die mit Mehl bestreute Arbeitsfläche gelegt werden. Die Bahnen werden nun mit dem Teigrad in ca. 12 cm lange Stücke geschnitten, die dann später mit der Füllung belegt werden.

Füllung: ca. 6 Semmeln, 0,5 Kilo Schinken (mager), 2–3 Bund Schnattern (grüne Zwiebelröhrchen), ca. 1–2 Bund Schnittlauch, 1–2 Zweige Liebstöckel, 2 ganze Eier, 0,25 l frische Sahne, klare Fleischbrühe (nach Geschmack), frisch gemahlener Pfeffer, eventuell Salz (nach Geschmack), Pflanzenöl
Semmeln in kleine Würfel schneiden, dann in einem großen Topf knusprig braten, anschließend zum Erkalten zur Seite stellen. Schinken ebenfalls in kleine Würfel schneiden. Schnattern und Schnittlauch in feine Ringe schneiden, Liebstöckel hacken und alles zusammen unter die erkalteten Brotwürfel mischen. Eier mit Sahne verquirlen, mit klarer Fleischbrühe, Pfeffer und eventuell Salz würzen und über die Masse geben. Alle Zutaten gut miteinander vermischen und dann löffelweise auf die Teigbahnen geben. Diese werden dann wie Tortellini gefaltet, an den Rändern fest zusammengedrückt und mit dem Teig-Rad in eine Halbmondform geschnitten. Die fertig gefüllten Krapfen werden dann auf frische, trockene Tücher gelegt. Wenn alle Krapfen gefüllt sind, bringt man einen großen Topf mit Salzwasser zum Kochen; Krapfen portionsweise hineinlegen. Sie sollten auf jeder Seite ca. 3 min köcheln. Mit einem Schaumlöffel Krapfen aus dem kochenden Wasser nehmen und in kaltem Wasser abschrecken. Fertige Krapfen erneut auf trockne Tücher legen. Jetzt können sie schnell eingesetzt und weiter verwendet werden.

Die fertigen „grünen Krapfen" werden dann portionsweise, je nach Geschmack, in die vorher zubereitete Brühe gegeben. Nachdem die grünen Krapfen einige Minuten köchelnd gezogen haben, ist die Suppe servierbereit.

Julia Klöckner (Stellv. CDU-Vorsitzende Deutschland): Zitronenrisotto

Zutaten für 4 Personen 4 Schalotten
2 Stangen Staudensellerie
600 g Risottoreis
120 g Butter
2 EL Olivenöl
1,5 bis 2 l Gemüsebrühe
abgeriebene Schale und Saft einer unbehandelten Zitrone
8 bis 10 EL geriebener Parmesan
120 ml Sahne
3 Zweige Rosmarin
2 Eigelbe
Meersalz
weißer Pfeffer aus der Mühle

Zubereitung Die Schalotten schälen und den Sellerie putzen. Beides in einer Küchenmaschine zu einem feinen Mus zerkleinern. Die Hälfte der Butter und das Öl in einem Topf erhitzen. Das Mus darin etwa fünf Minuten dünsten. Es darf hierbei keine Farbe annehmen. Den Reis dazugeben und unter ständigem Rühren mit einem Teil der Butter und dem Öl überziehen. In einem zweiten Topf zwischenzeitlich die Brühe erhitzen. Nach und nach bei mittlerer Hitze eine Kelle Brühe über den Reis gießen bis die Flüssigkeit aufgesogen ist. Weiter umrühren bis der Reis al dente ist. Falls die Brühe nicht reicht, kann man ein wenig heißes Wasser nachgießen. Die abgeriebene Zitronenschale und den fein gehackten Rosmarin unter das Risotto mischen. Eigelb, Zitronensaft, Parmesan, Sahne und Pfeffer verquirlen. Das Risotto vom Herd nehmen und anschließend das verquirlte Ei und die restliche Butter unterheben. Nun nach Geschmack mit etwas Meersalz würzen und mit gehobeltem Parmesan servieren.

Hannelore Kraft (Ministerpräsidentin Nordrhein-Westfalen): Krustenbraten in Biersoße

Zutaten für vier Personen 1 kg Schweinebraten
2 Knoblauchzehen
Salz
Paprika
Pfeffer
8 Zwiebeln
1 Flasche Pils
0,5 l Fleischbrühe

Zubereitung Schweinebraten mit ausgepresstem Knoblauch und Gewürzen einreiben.
Im Ofen auf ein tiefes Backblech gelegt, bei 180 Grad Umluft (220 Grad im herkömmlichen Ofen) 15 min schmoren lassen.
Dann die Fleischbrühe über den Braten kippen und die geviertelten Zwiebeln neben dem Braten verteilen.
Nach 30 min die halbe Flasche Bier über den Braten kippen. Nach weiteren 30 min den Rest des Bieres über den Braten kippen. Nach weiteren 15 min den Braten aufschneiden und mit Klößen und frischem Salat servieren.

Roland Koch (ehemaliger Ministerpräsident Hessen): Spaghetti mit einer feinen Zitronensoße

Zutaten 2 große Zitronen
400 g Schlagsahne
100 ml Weißwein
3 TL körnige Gemüsebrühe, Salz, Pfeffer
10 g fein geriebener Ingwer
400 g Spaghetti
2 EL Öl
4 Eigelbe
1 Topf Basilikum

Zubereitung Zitrone abspülen und von der Schale schmale Streifen schneiden. Zitronensaft auspressen. Sahne bei geringer Hitze langsam mit dem Weißwein aufkochen. Nach und nach den Zitronensaft, die Schalenstreifen und den geriebenen Ingwer zugeben. Die Sahne mit Brühe, Salz und Pfeffer würzen. Inzwischen die Spaghetti in Salzwasser mit Öl bissfest kochen. Das Eigelb mit etwas Zitronensahne verquirlen und unter die Soße geben. Umrühren, bis die Soße stabil ist. Nicht mehr kochen lassen. Basilikum-Blättchen fein hacken und unter die Soße rühren.

Ein Rezept von den Autoren: Mediterranes Fischfilet mit Zucchini und Kirschtomaten in Folie

Zutaten (für 4 Personen) 4 × 150 g weißes, grätenfreies Fischfilet (Kabeljau, Heilbutt, Seelachs)
1 großer Zucchino
ca. 20 Kirschtomaten

Marinade 1 gewürfelte Zwiebel
1–2 gehackte Knoblauchzehen
12 getrocknete Tomaten in Stückchen
3–4 EL zerkleinerte italienische Kräuter (Basilikum, Rosmarin, Salbei, Oregano)
Salz und Pfeffer
Jeweils 3–4 EL Balsamico und Olivenöl

Zubereitung Fischfilets waschen, säuern und jeweils einzeln auf ein Stück Alufolie legen, das so groß ist, dass es zu Päckchen verschlossen werden kann. Filets salzen und pfeffern, Gemüse in mundgerechte Stücke schneiden und auf die Filets streuen.
Zutaten für die Marinade vermischen und auf Fisch und Gemüse verteilen. Päckchen verschließen und für ca. 30 min bei 180 Grad (Umluft) im Ofen garen. Baguette oder Ciabatta als Beilage reichen.

Teil IV
Finale: Wie, was und wo wir essen, macht den Erfolg aus

Iss wie ein Foodmaster

Auftakt: Erkenntnisse bewusst umsetzen

10

„Alle Theorie ist grau, und nur der Wald und die Erfahrung sind grün" – dieses Zitat von Friedrich Wilhelm Leopold Pfeil aus dem Jahr 1846 ist nach wie vor äußerst zutreffend. Viele wissen theoretisch – auch im Bereich Ernährung – gut Bescheid über wertvolles und weniger zuträgliches Essen. Das allein ist jedoch nicht genug, um künftig bessere und bekömmlichere Speisen zu sich zu nehmen.

Man muss es auch wollen und in die Tat umsetzen. Dafür ist es notwendig, die Priorität für gute Ernährung ein wenig höher zu setzen. Fast immer sind im Geschäftsalltag von Führungskräften ganz andere Themen am Anfang der Liste der wichtigen Dinge. Es geht vor allem um das Kerngeschäft, Entwickeln von Strategien, Mitarbeiterführung und Kundengewinnung. Doch all dies ist nur halb so erfolgreich, wenn die Basis einer energiespendenden Nahrungsaufnahme nicht stimmt. Das müssen sich Führungskräfte bewusst machen.

Essen soll jedoch niemals notwendiges Übel bedeuten, sondern vielmehr Genuss und Lebensfreude bringen. Ein wenig Hintergrundwissen ist Voraussetzung, aber meist macht es sogar viel Spaß, sich über Lebensmittel sowie deren Verarbeitung und Wirkweisen zu informieren. Und auszutesten, wie der eigene Organismus auf sie reagiert, ist ein weiterer Erkenntnisgewinn. Mit nachhaltigem Effekt.

Fast unmittelbar lässt sich feststellen, welche Lebensmittel besonders gut schmecken, bekömmlich sind und vielfältige Genusserlebnisse bringen. Nach der Lektüre zahlreicher Artikel in Printmedien, auf Online-Plattformen oder in Food-Ratgebern ist es nicht immer leicht, sich für eine bestimmte Art der Ernährung zu entscheiden. Da hilft nur, sich mit eigenen Erfahrungen auf das Thema einzulassen und daraus einen geeigneten Weg für sich zu finden.

Hierbei ist es hilfreich, unterschiedlichste Lebensmittel auszuprobieren, diese auf verschiedenste Weise zuzubereiten und bei den Tageszeiten zu experimentieren, wann ein Essen gut „ankommt". Nicht jeder Organismus tickt gleich. Es ist völlig kontraproduktiv, sich von anderen auf eine bestimmte Ernährungsform einschwören zu lassen. Es gibt Menschen, die einen geregelten Tagesablauf und genauso feste Essenszeiten benötigen. Das gilt jedoch nicht für alle. Je nach Tagesform und Belastungen können für andere Menschen flexiblere Zeiten und Mengen bei der Nahrungsaufnahme günstiger sein.

Die verschiedenen Lebensmittel, die guttun oder eher schaden, sind bei jedem Menschen anders. Für den einen mag Rohkost in rauen Mengen eine wunderbare Alternative zu gekochten Suppen und gegarten Gemüsespeisen sein, für den anderen ist schon ein kleines Stück rohe Salatgurke als Salat genossen zu viel für die Verwertung im Körper. Das kann jedoch nur selbst erfahren und in eigene Handlungsweisen umgesetzt werden. Wer sich von anderen zu sehr beeinflussen lässt, wird keinen sinnvollen Weg finden, sich in seiner Haut wohl zu fühlen. Die persönlich angepasste Ernährung ist der Schlüssel für viele Probleme, die durch Unbekömmliches entstehen.

Ob zeitiges Frühstück bzw. späterer Vormittags-Snack, üppiger Lunch bzw. schmale Mittags-Kost oder eine leichte Abendmahlzeit bzw. ein ausgedehntes Menü nach dem Arbeitstag – das alles ist frei bestimmbar und macht zufrieden, wenn man seine Präferenzen herausgefunden hat. Sich dabei selbst zu beobachten und immer wieder neue Wege auszutesten, ist das Geheimnis. Auch ein Organismus verändert sich im Laufe des Lebens mit dem Alter oder durch andere Lebensumstände.

Hier gilt es, immer wieder zu hinterfragen und nach zu justieren, falls die aktuelle Ernährungsform nicht mehr passt und Energieverluste nach sich zieht. Mit mehr Aufmerksamkeit, die man auf sich selbst richtet, und Achtsamkeit für bestimmte Ernährungs- und Lebensweisen können viele Störfaktoren erkannt und ausgeräumt werden. Hierdurch findet man zu größerem Wohlbefinden und mehr Erfolg im Geschäftsalltag. Mit Spaß und vielen neuen Erkenntnissen.

10.1 Selbstbestimmt essen

Wer immer gegen den eigenen Rhythmus oder seine Bedürfnisse leben (und auch essen) muss, wird dies auf Dauer nicht durchhalten. Disziplin, eiserner Verzicht und Selbstkasteiung sind also nicht das richtige Mittel, wenn man ein vernünftiges und nachhaltiges Essverhalten entwickeln möchte. Es geht vielmehr darum, die für sich passende Form der Ernährung zu finden und sich dabei auch nicht allzu sehr von Meinungen anderer beeinflussen zu lassen und zu viele – vermeintlich gut gemeinte – Ratschläge zu befolgen. Auf sich selbst zu hören, ist die einzig richtige Lösung für selbstbestimmtes Essen.

Nur bei Zeit und „echtem" Hunger essen

Das eigene Wohlbefinden zu beachten und die Signale des Körpers zu erkennen, ist der Schlüssel zum Genuss und zugleich maßvollem Essen. Statt sich von anderen vorgeben zu lassen, worauf man Appetit zu haben hat und wann man hungrig oder satt zu sein hat, kann man als Foodmaster selbstbestimmt und sicher sowohl Zeitpunkt als auch Art der Ernährung festlegen. Das ist auf lange Sicht der richtige Weg zum ganzheitlichen Wohlbefinden. Den eigenen Körper sprechen zu lassen und auf ihn zu hören ist eine sehr gute Möglichkeit, um seine Wahrnehmung zu schärfen und ein Gefühl für das eigene Wohlbefinden zu entwickeln.

Führungskräfte sollten sich zum Essen hinsetzen, langsam und mit Genuss essen, jeden Bissen gründlich kauen und sich auf das konzentrieren, was man gerade macht. Nebentätigkeiten einmal ruhen lassen und auf später verschieben, das ist der richtige Ansatz. Wer sich dafür keine Zeit nimmt, der hat eigentlich weder die Möglichkeit noch die Ruhe zum Essen. In diesem Moment sollte man es entweder lassen oder die Priorität von der ablenkenden Tätigkeit auf das Essen richten. D. h. also nur dann zu essen, wenn man Zeit und Muße dazu hat. Das ist ein wesentlicher Teil der Lösung, um sein Essverhalten dauerhaft und zur eigenen Zufriedenheit zu optimieren.

Auf Trostnahrung verzichten

Wer auf sich und seinen Organismus achtet, wird künftig langsamer essen, seine Sättigung spüren und tatsächlich nur essen, weil man hungrig ist. Andere Gründe, aus denen man zu Essbarem greift, können Stress, Langeweile, Überforderung oder eine weitere Art von Kompensationshandlung sein. Bei Unzufriedenheit über ein misslungenes Projekt oder ein unbefriedigendes Telefonat sowie in Momenten der Unsicherheit oder des Zweifels wird häufig zu „tröstender Kost" wie Schokolade oder anderen gerade verfügbaren Süßigkeiten gegriffen.

Doch leider hält die kurzfristige Stimmungsaufhellung nur kurz vor, so dass meist sofort für Nachschub gesorgt werden muss. Hier hilft es eher, sich einmal die Situationen vor Augen zu führen, in denen zu Süßem oder Fettreichem gegriffen wird. Nur so „überkommt" einen nicht der Heißhunger und man wird in der Lage sein, die Situation anderweitig zu lösen oder hat bereits im Vorfeld eines schwierigen Gesprächs ein paar Nüsse als Nervenfutter zu sich genommen, so dass nicht im Laufe der sich problematisch gestaltenden Verhandlung aus Frustration bei Keksen oder Pralinen kräftig zugelangt wird.

Nicht aus Konvention (mit-)essen

Zur Achtsamkeit und Selbstbestimmung gehört, dass man nicht essen muss, wenn dies von außen vorgegeben ist. Z. B. bei einem Geschäftsessen. Selbst wenn alle anderen Beteiligten ein mehrgängiges Menü essen möchten (vielleicht gerade, weil es auf Firmenkosten geht), gibt es noch lange keinen Grund, hier mitzuziehen, wenn nicht gewünscht. Es reichen manchmal eine Suppe und ein Salat. Oder nur eine halbe Hauptspeise (bereits vorher bestellt oder einfach die Hälfte auf dem Teller liegen lassen).

Womöglich findet der Business Lunch überhaupt nicht zu der Zeit statt, zu der man Appetit hat. Oder man ist generell ein Abendesser und quält sich bei der Mittagsmahlzeit mit den üppigen und zahlreichen Gängen. Hier ist es absolut legitim, sich nicht von den anderen animieren zu lassen. Selbst wenn man als Spielverderber gilt und die Speisenabfolge nicht komplett einhält, so wird das spätestens ab der Hauptspeise niemanden mehr stören. Hinderlich für produktives Arbeiten ist lediglich das Gefühl im Anschluss an das Essen, wenn man zu viel und gegen seinen Willen ein gesamtes Menü zu sich genommen hätte.

Selbstbestimmung genießen

Wer also selbstbestimmt essen, handeln und sich dabei wohlfühlen möchte, der sollte sich niemals auf andere, sondern nur auf sein eigenes Gefühl verlassen. Mit kritischer Selbstbeobachtung ist es möglich, sich besser kennenzulernen und damit herauszufinden, was gut bekommt, was wirklich schmeckt und welche Lebensmittel eher zu vermeiden sind, weil sie nur vermeintlich zuträglich für gute Laune und das Seelenheil sind.

So ist es zum Beispiel kein Geheimnis, dass ein weitgehender Verzicht auf Süßigkeiten schnell zu einer deutlichen Verbesserung des Wohlbefindens führt, unabhängig von Körpergewicht und aufgenommener Kalorienzahl. Bei vielen anderen Dingen ist es nicht ganz so einfach, vielleicht ist das Ergebnis auch individuell verschieden.

Doch dies herauszufinden, gehört zum selbstbestimmten Essen dazu. Sich nicht von den kulinarischen Verführungen verlocken zu lassen (Ausnahmen bestätigen die Regel, aber dies sollte nicht zu oft passieren...), seine eigenen Bedürfnisse zu beachten und aufzuhören, sobald die Sättigung eintritt. Das ist von großer Bedeutung.

Grundsätzlich gilt, dass es keine Verbote und keine strengen Dogmen geben sollte. Wichtig ist es, auf sich und seinen Körper zu achten und bevorzugt solche Dinge zu tun, die das eigene Wohlbefinden verbessern. Quälerei und unerbittliche

Selbstkasteiung sind keine adäquate Lösung, weil sie – wie bei allen anderen Dingen jenseits des Essverhaltens auch – auf Dauer nicht durchzuhalten und teilweise sogar schädlich sind.

Durch Selbstbeobachtung und selbstbestimmtes Handeln ist es möglich, nicht nur Essen und Ernährung, sondern auch die sportlichen Aktivitäten an die individuellen Bedürfnisse anzupassen. Wer das Bewegungsbedürfnis seines Körpers erkennt und sich darauf einlässt, der wird im Laufe der Zeit auch herausfinden, wie er seine Fitness ganz ohne Zwang verbessern kann, ohne sich zu etwas zu zwingen bzw. sich zu überfordern.

Ausgleich zum Essen aus emotionalen Gründen suchen

Wer als Strategie, um seine Bedürfnisse zu erfüllen, das Mittel des Essens wählt, wird auf Dauer unzufrieden werden. Selbstverständlich ist es nicht dramatisch, sich nach der Durcharbeitung eines Vertrags oder einem nicht befriedigenden Gespräch einen kleinen Trost – auch einmal in Form von etwas Süßem – zu gönnen. Es ist jedoch eine Ausnahmesituation und muss als solche auch bewusst gesehen werden. Es sollte jedoch nicht zur Regel, hingegen vielmehr ein Mechanismus gefunden werden, wie mit Misserfolgen und emotional angespannten Situationen anders und damit effektiver umgegangen wird.

Gerade, wenn das Thema Stress zum Dauerbrenner wird, sind Selbstreflexion und das Überprüfen gangbarer Lösungsmöglichkeiten an der Tagesordnung. Natürlich kann es vorkommen, dass der Kopf überladen ist und eine Denkblockade vorherrscht. Doch dann hilft die Tafel Schokolade meist nicht weiter. Viel sinnvoller ist es, sich mit ein wenig Bewegung das Vorgefallene von der Seele zu laufen bzw. sich bei einer Tasse Tee mit einem befreundeten Kollegen auszutauschen. Oder auch einmal seine Sportschuhe anzuziehen und sich für kurze Zeit auf seine Art und Weise auszutoben.

Manchmal tut es auch einfach nur gut, die Gedanken auf etwas anderes zu lenken. Wer sich für Meditation oder autogenes Training interessiert – perfekt. Wer aber den Mechanismus der Ablenkung ebenfalls nutzen möchte, ohne auf diese bewährten Techniken zurückzugreifen, der kann auch einfach ein Buch oder eine andere Art der Lektüre zur Hand nehmen und sich konzentriert einem Kapitel bzw. Artikel widmen.

Im ersten Moment kann es passieren, dass die Konzentration nicht voll erreicht wird, aber in dieser Situation einfach weiterlesen und durch den ruhigen Rhythmus des Zeilenspringens zu einer entspannten Haltung und damit zur Aufnahme des neuen Themas nach ein paar Minuten kommen. Das Gehirn wird durch diesen äußeren Zwang, sich auf etwas einzulassen, von der Sinnhaftigkeit überzeugt und wird in aller Regel nach kurzer Zeit mitgehen und damit den Geist zur Ruhe kommen lassen.

Hierbei entscheidend ist, dass das Gelesene interessieren sollte und nicht aus purer Not zur Hand genommen wird (z. B. die Gebrauchsanleitung für den Beamer oder das Handbuch zur neuen Software). Das wird eher nicht von Erfolg gekrönt sein. Doch wer sich z. B. für Aphorismen oder Gedichte interessiert, findet hierbei Entspannung. Wer eher einmal ein Kapitel in einem packenden Krimi liest, für den kann dies ebenso erquicklich sein. Oder ein Artikel in der Wochenzeitung, der sich mit dem Leben einer Persönlichkeit des öffentlichen Lebens befasst, kann für gute Gedanken sorgen.

Es gilt für jede selbstbestimmte Führungskraft: Mit der Beobachtung der eigenen Person und ihrer Bedürfnisse können gelernte Verhaltensweisen – wie z. B. der Griff zur Süßigkeit bei Stress – wahrgenommen, hinterfragt und verändert werden. Dann muss das Essen nicht mehr die einzige Lösung für einen unangenehmen Moment sein, sondern andere Mechanismen kommen zum Tragen. Diese sind oft befriedigender, gesünder und dem Wohlbefinden zuträglich.

10.2 Wissen, was guttut

Was macht eine gute und gesunde Ernährung aus? Hierzu gibt es (nahezu) so viele Meinungen wie Menschen. Ganz klar ist, dass die richtige Ernährung tatsächlich einen wesentlichen Beitrag zum Wohlbefinden und einwandfreien Funktionieren des Körpers leistet. Übergewicht, Herzerkrankungen, Diabetes, Gicht oder chronische Verdauungsbeschwerden sind Krankheiten, die besonders durch die richtige Zusammensetzung der Nahrung verhindert oder zumindest teilweise gelindert werden können.

Hier den Überblick zu behalten, was verstärkt gegessen bzw. reduziert werden sollte, ist gar nicht so einfach. Denn das Überangebot an Nahrungsmitteln, zu viel Fertigkost bzw. Convenience Food, die Irreführungen der Lebensmittelindustrie sowie die Tendenz zum Essen außer Haus machen es nicht leicht, sich für den richtigen Weg zu entscheiden.

Was tut mir gut? Diese wesentliche Frage sollte immer Priorität erfahren. Nur bei Verinnerlichung dieser Frage können der eigene Körper und seine Bedürfnisse verstanden werden. Erst dann wird automatisch zu den richtigen Lebensmitteln gegriffen, selbst wenn der Führungsalltag stressig und die Pausenzeiten knapp bemessen sind. Die Entscheidung für der Situation angepasste Speisen, die zuträglich sind, wird zu einer willkommenen Routine, die mühelos und spontan durchgehalten werden kann.

Gutes Essen in der Kantine wählen

Hoher Zeitdruck und emotionale Belastungen sind für Führungskräfte an der Tagesordnung. Hier bleibt oft wenig Zeit, um sich gesund in einem behaglichen Ambiente zu ernähren. Doch die Auswirkungen sind immens. Sowohl die Gesundheit als auch die Leistungsfähigkeit sind in dieser Situation von den schlechten Ernährungsgewohnheiten betroffen.

Daher lohnt es sich, aus der Mittagspause eine „richtige" Pause zu machen. Das klappt vielleicht nicht an allen Tagen der Woche, aber es sollte zumindest ein Ziel sein, den Gang in die Kantine nicht immer zu verschieben und dort auch hin und wieder eine dem Körper und Geist zuträgliche Mahlzeit zu genießen.

Selbst bei knapp bemessenem Zeitplan kann in der Kantine etwas gefunden werden, das guttut. Z. B. im Winter ein Eintopf, der mit frischen Zutaten hergestellt ist. Ein solcher ist in der Regel leichter und besser bekömmlich als die Kombination aus einer Vorspeise, einem Tellergericht mit Fleisch und Kartoffeln als Hauptgang und dann eventuell noch einer fettreichen Cremespeise zum Abschluss. Vielleicht auch einmal nur ein Rohkost-Teller. Oder ein Baguette, das mit appetitlich aussehenden Belägen serviert wird. Nur Antipasti mit etwas Brot oder einen Joghurt mit Früchten als Mittagessen zu nehmen, kann in der Kantine eine gute Alternative zum vollen Menü sein.

Hier gilt es, den eigenen Bedürfnissen nachzuspüren und wahrzunehmen, was der Körper benötigt. Je besser man die Kantine kennt, desto leichter sollte die Wahl fallen. U. a. deshalb, weil eventuelle Sonderwünsche berücksichtigt werden können, um sich während und im Anschluss an das Essen wohl zu fühlen.

Ungewohntes ausprobieren: Vegetarisch, exotisch und Co.

Dass es gut ist, sich möglichst vielseitig und bunt zu ernähren, ist unbestritten. Daher ist es empfehlenswert, noch unbekannte, neue Lebensmittel auszutesten und nicht immer dieselben Rituale zu befolgen. Meist kennt man seine Vorlieben, aber es schadet nicht, einmal etwas anderes zu probieren. So wird der Körper mit allem Wesentlichen versorgt.

Ein gesundes Essverhalten kann unser Wohlbefinden dauerhaft merklich steigern. Wenn wir uns vernünftig und ausgewogen ernähren, fühlen wir uns ausgeglichen, vital und verbessern unsere Konzentrationsfähigkeit. Das ist für Führungskräfte unabdingliche Voraussetzung für ihren Erfolg.

Einseitige Ernährung und bestimmte Mangelerscheinungen tragen dazu bei, dass wir uns körperlich unwohl fühlen, schneller die Konzentration verlieren oder leichter krank werden. Das schlägt dann auf die Stimmung. Für eine stabile Gesundheit ist es unerlässlich, bei der Ernährung auf Ausgewogenheit und Vielfalt zu achten – darin sind sich die Experten einig. Anders ausgedrückt: Eine gut durchdachte, auf vielen unterschiedlichen Lebensmitteln basierende Ernährung ist generell vorteilhafter als eine Ernährung, die nur auf wenigen Lebensmitteln beruht.

Wer ein großer Fleischliebhaber ist, der muss – solange er qualitativ hochwertige, möglichst magere Produkte isst – keineswegs darauf verzichten. Aber warum nicht einmal einen Tag einlegen, an dem eher vegetarisch gegessen wird? Oder Fisch oder Meeresfrüchte auf den Speiseplan setzen? Hier sind häufig Nährstoffe, Mineralien und Vitamine enthalten, die im Fleisch gar nicht oder nur in geringen Mengen vorkommen. Wie beispielsweise Omega-3-Fettsäuren, die besonders in Fischsorten wie Lachs, Sardinen, Thunfisch oder bei Schalentieren in reichlicher Menge vorhanden sind.

Omega-3-Fettsäuren haben einen positiven gesundheitlichen Effekt auf das Herz-Kreislaufsystem. Weiterhin beschäftigt sich die Forschung mit der Rolle der Omega-3-Fettsäuren für das Immunsystem und deutet auf einen positiven Einfluss auf rheumatische Arthritis, Asthma, Nierenkrankheiten und Krebs hin. Studien zeigen, dass das Gehirn ebenfalls profitiert. Bei depressiven Störungen beispielsweise ist eine unterstützende Wirkung von Omega-3-Fettsäuren zu beobachten und vor Alzheimer sowie Demenz wird geschützt.

Weiterhin sind Fisch und Schalentiere hervorragende Quellen für Proteine. Wer beispielsweise etwa 100 g Fisch oder Schalentiere verzehrt, nimmt rund 20 g beziehungsweise etwa ein Drittel der empfohlenen Tagesdosis an Eiweiß zu sich. Das Eiweiß im Fisch enthält viele lebenswichtige Aminosäuren und hat eine hohe Qualität, die für Menschen in jeder Altersgruppe sehr bekömmlich ist. Meeresfrüchte sind auch generell fettärmer und weniger kalorienreich als Rindfleisch, Geflügel- oder Schweinefleisch und in der Regel weniger cholesterinhaltig bzw. sie enthalten in etwa dieselbe Menge an Cholesterin.

Vielfalt ist insbesondere auch aus dem Grund angesagt, da die Meinungen der Experten zu unterschiedlichen Lebensmitteln in völlig verschiedene und sich teilweise widersprechende Richtungen gehen – von sehr gesund bis hin zu total schädlich für ein einziges Produkt! Hier nur ein paar Beispiele:

Eier: Immer wieder wird vom hohen Cholesteringehalt der Eier gesprochen, die damit Herz und Gefäße belasten sollen. Auf der anderen Seite wird betont, dass sie reich an Eiweißen, Vitaminen, Mineralien und Antioxidantien seien. Das Risiko einer Erhöhung des Cholesterinspiegels durch das Nahrungscholesterin im Ei sei marginal.

Milch: Das darin enthaltene Calcium ist unentbehrlich für gesunde und stabile Knochen, versichern die einen. Andere Meinungen behaupten, dass Milch ein Allergieauslöser sei und darüber hinaus wegen der enthaltenen („sauren") Phosphate verantwortlich für Osteoporose sein soll.

Butter versus Margarine: Butter-Verfechter sehen die gehärteten Fette in der Margarine als ungesund oder gar krebserregend an. Die zahlreichen Verarbeitungsstufen und die enthaltenen Weichmacher tun ihr Übriges. Die für Margarine plädierenden Forscher hingegen stellen dagegen, dass Butter ungesunde Fettsäuren enthält, die sich negativ auf das Herz-Kreislauf-System auswirken. Daher empfehlen einige Experten, eher zu Margarine zu greifen. Die Argumente beider Seiten widersprechen sich in großen Teilen.

Es gibt also nur die eine richtige Lösung: Ausprobieren und sich selbst bzw. der für den individuellen Bedarf richtigen Ernährung auf die Spur kommen. Die Forschung wartet mit einer sehr wichtigen Erkenntnis auf, die der Grund für die vielen Meinungen sein dürfte. Es gibt offensichtlich keine Ernährungsform, die für jeden Menschen optimal ist. Was dem einen guttut, kann für den anderen schlecht sein. Die Menschen unterscheiden sich in dieser Hinsicht mehr als gedacht. Eine allgemeingültige Regel dafür, was gesunde Ernährung ist, existiert offenbar nicht, daher ist persönliches „Experimentieren" angesagt.

Auswärts in Restaurants und auf Reisen genießen

Gerade auf Reisen ist es wichtig, achtsam mit sich umzugehen und auf den eigenen Körper zu hören. Hier sind die Herausforderungen noch ein wenig größer als zu Hause. Zum einen muss aus einer vielfältigen Auswahl das Richtige selektiert werden. Zum anderen fallen meist die eigenen, gewohnten Speisen unterwegs weg. Doch hier hilft gesunder Menschenverstand und ein wenig Erfahrung bei der Entscheidung, was schmeckt und bekömmlich ist.

In Restaurants werden meist komplette Mahlzeiten oder Menüs angeboten, die eventuell nicht den eigenen Vorlieben entsprechen. Hier ist es überhaupt kein Problem, Beilagen oder einzelne Gänge ersetzen zu lassen – man kann es nicht oft genug sagen. Dies ist durchaus sinnvoller, als sich einen kompletten Teller mit einigen ungeliebten Zutaten ungefragt servieren zu lassen.

Auf Geschäftsreisen im Ausland sollten einige Vorkehrungen getroffen werden, um den Organismus nicht zu überfordern: Gerade ungewohnte Speisen und Gewürze können den Magen beim Essen auf Reisen schnell überfordern und zu Beschwerden führen. Stress und Aufregung sowie eventuell übermäßiger Alkoholkonsum geben der Verdauung auf dem Business Trip dann schnell den Rest: Unwohlsein, Völlegefühl oder Sodbrennen sind nicht selten die Folge.

Daher ist es gut, sich auf der Speisekarte Dinge herauszusuchen, die möglichst unverfänglich klingen. Meist gibt es auch hier die Möglichkeit, einzelne Speisen zusammenzustellen, die bekannt sind bzw. bekömmlich erscheinen. So ist es eventuell interessant, eine möglichst scharfe oder würzige Soße auszuprobieren, aber für die anschließenden Verhandlungen mag es nicht die beste Wahl sein, da der Magen damit überfordert und belastet wird. So können eher die Fleisch- oder Fischgerichte als gegrillte Variante mit gedünstetem Gemüse gewählt werden. Oder eine Suppe, deren Inhaltsstoffe keine Probleme bereiten dürften.

Alternativ lässt man die Beilagen, Chutneys oder Chili-Schoten einfach weg, die verdächtig erscheinen. Mit Magenbeschwerden bei einer Tagung in Asien zu sitzen, hat die wenigsten Führungskräfte glücklich gemacht. Also eher einmal auf den Standard zurückgreifen oder Unbekanntes gar nicht oder in Maßen genießen, um den Rest des Tages (oder die Nacht) unbeschadet zu überstehen. Je mehr man sich in bestimmten Ländern oder Regionen bewegt, desto experimentierfreudiger wird man sicherlich sein. Besonders bei ersten Reisen auf unbekanntem Terrain ist jedoch ein wenig Vorsicht sicherlich angebracht.

10.3 Ablehnen, was schadet

Ebenso, wie die guten Dinge für den eigenen Körper aus einer schier unendlich erscheinenden Fülle an Lebensmitteln herausgefiltert werden sollten, muss man wissen, welche Dinge eher schädlich und damit verzichtbar sind.

Generell gilt: Nach üppigen, fetthaltigen Mahlzeiten produziert der Magen besonders viel Säure, um die vorher verzehrten Mengen verdauen zu können. Ist der Magen sehr stark gefüllt, drückt er außerdem auf den Schließmuskel zur Speiseröhre, so dass die Magensäure möglicherweise zurück in die Speiseröhre fließen kann und Sodbrennen verursacht. Daher sollte man versuchen, die Mahlzeiten über den Tag verteilt zu essen und nicht nur ein großes Menü z. B. mittags oder abends zu vertilgen, während man zu den anderen Zeiten nichts zu sich nimmt.

Scharfe Gewürze wie Knoblauch, Meerrettich, Senf in rauen Mengen zu sich genommen, aber auch sehr kalte und extrem heiße Speisen regen die Säureproduktion noch zusätzlich an und verstärken die Beschwerden, die durch zu üppige Mahlzeiten ausgelöst werden. Daher sollte man hier Vorsicht walten lassen und genau ergründen, welche Nahrungsmittel bzw. deren Zubereitungsarten eventuell Verdauungsprobleme auslösen können.

Extreme Speisen erzeugen Wirkungen, die eine Führungskraft weder im Büroalltag noch unterwegs auf Geschäftsreisen erleben möchte. Daher sollte hier mit

Achtsamkeit und Beobachtung des eigenen Befindens nach bestimmten Mahlzeiten an das Thema Ernährung herangegangen werden.

Übermäßige Portionen und mehrgängige Menüs

Manchmal sind die Augen größer als der Magen. Oder es wird im Restaurant ein Gang mehr bestellt, weil man den ganzen Tag noch nichts gegessen hat und hungrig auf die Speisekarte schaut. Doch hier zählt es ganz besonders, nicht über die Stränge zu schlagen und erst einmal das Sättigungsgefühl nach den ersten Bissen abzuwarten, bevor Weiteres bestellt wird.

Wer häufig zu viel auf dem Teller hat, verspürt auch das Bedürfnis, den Teller leer zu essen. Dabei merkt man oft gar nicht, dass die Sättigungsgrenze längst erreicht oder sogar schon überschritten ist. Kleine Portionen beugen dem vor und sorgen außerdem dafür, dass man rechtzeitig mit dem Essen aufhören kann und dem Magen nicht zu viel zumutet. Wer sehr schnell isst, verpasst meist den Moment, zu dem man aufhören sollte. Es dauert eine kurze Weile, bis der Verdauungstrakt ein Signal an das Gehirn gibt, um das Hungergefühl zu stoppen.

Daher ist es vernünftig, ein Essen langsam und genüsslich zu verzehren, ohne sich vom Tempo der anderen Tischnachbarn beeinflussen zu lassen und dieses eventuell noch toppen zu wollen. Wer sich intensiv mit seiner Mahlzeit beschäftigt, wird viel mehr Spaß dabei empfinden und auch im Anschluss an das Essen ein angenehmes Gefühl verspüren.

Essen im Restaurant

Menüs, die aus mehreren Gängen bestehen, sind prinzipiell dazu geeignet, langsamer zu essen. Erst wenn alle die Vorspeise, den Zwischengang bzw. das Hauptgericht beendet haben, wird weiter serviert. Gleichwohl tendieren viele dazu, dennoch zu viel zu sich zu nehmen. Möglicherweise, weil das Zwischengericht an sich zu viel sein kann, eine zu große Menge an Brot zu sich genommen wird und die Gänge zu üppig sind. Hier gilt es, sich selbst zu hinterfragen und eventuell einen Gang abzubestellen, nur eine halbe Portion zu ordern oder auch einmal etwas liegen zu lassen (selbst wenn es schwer fällt).

Wer sich mit mehr Bedacht seiner Mahlzeit widmet, wird sehr schnell feststellen, welche Mengen ausreichend sind. In vielen Hotels werden auch Buffets angeboten. Hier ist es natürlich besonders verführerisch, den Teller mit allem, was gut aussieht, zu füllen. Besser ist es, sich zunächst einmal eine moderate Portion zu gönnen – selbstverständlich mit der Aussicht auf einen zweiten Teller – und dann nach Appetit zu entscheiden, ob die weitere Portion überhaupt notwendig ist.

Die bereits vorbereiteten Portionen im Restaurant sind oft zu reichhaltig bemessen. Hier ist es extrem wichtig, sich selbst zu hinterfragen, wie groß der Hunger ist. Das kann von Tag zu Tag je nach Belastung, Stress und sportlicher Aktivität variieren. Daher ist ein Standardmaß ebenfalls nicht sinnvoll, da es keine Faustregel für jeden Tag gibt. Wer langsam isst, wird die Sättigung jedoch spüren und sich selbst mäßigen, falls sich zu viel auf dem Teller befindet.

Der Appetit zwischendurch

Bei den Portionsgrößen von Snacks sollte man unbedingt auf seinen Körper hören. So wurde in Studien festgestellt, dass oftmals nicht die Menge ausschlaggebend für eine befriedigende Zwischenmahlzeit ist und Portionsgrößen falsch eingeschätzt werden. Eine Tafel Schokolade – egal, ob sie 80, 100 oder sogar 250 g wiegt – wird häufig aufgegessen, wenn der Körper etwas Süßes benötigt.

Hier sei angeraten, vernünftige Snacks vorzubereiten oder parat zu haben, wenn sich Appetit auf etwas Süßes breit macht. Frische Früchte, leckere Nüsse oder auch eine Mini-Schokolade können oftmals genauso erquickend wirken, sind aber wesentlich bekömmlicher.

Immer sollte die Frage gestellt werden, aus welchem Grund das Hungergefühl entsteht. Geht dies tatsächlich vom Magen aus oder ist es eher Stress, Langeweile oder Trostbedürfnis, die für die Lust auf (Kompensations-) Süßigkeiten verantwortlich sind? Nach kurzer Analyse ist das oft feststellbar und eventuell entscheidet man sich dann für eine andere, nachhaltigere Lösung als die schneller verfügbare Variante, die in der Regel nicht lange vorhält.

Fettes, Gebackenes und Frittiertes

Leicht zugänglich und an „jeder Ecke" zu finden sind Schnellimbisse, die mit Pommes Frites, Brat- oder Rindswürsten oder auch Cheeseburgern aufwarten. Sogar Tankstellen und Kioske bieten mittlerweile diese Art der Kost an, die für den Verkäufer leicht in der Mikrowelle erwärmbar und schnell zuzubereiten ist.

Doch für denjenigen, der diese vermeintlich kleine Mahlzeit isst, kann es durchaus mehr als leichte Kost bedeuten. Nicht nur der Geschmack lässt zu wünschen übrig, auch das Sättigungsgefühl ist zunächst oft gar nicht spürbar. Später macht es sich aber viel zu lang anhaltend und meist auch unangenehm bemerkbar.

Völlegefühl, Bauchdrücken und das Gefühl, dass das Essen schwer im Magen liegt – solche unangenehmen Begleiterscheinungen können sich nach einem Schnellimbiss einstellen. Wer häufiger unter Verdauungsbeschwerden leidet, muss nicht unbedingt auf Genuss verzichten, sondern kann auf besser verträgliche Alternativen ausweichen. Diese sind jedoch meist nicht bei den gängigen Imbiss-Anbietern zu erhalten und erfordern etwas mehr Recherche, um die für sich passende Mahlzeit zu finden.

Die Art der Zubereitung bewusst auswählen
Der **Bäcker** bietet bei seinen Snacks to go häufig zu fette oder frittierte Speisen an. Sei es das gebratene Wiener Schnitzel im Brötchen oder in Fett zubereitete Süßgebäcke. Sie sind meist viel zu üppig für eine kleine Zwischenmahlzeit oder ein leichtes Mittagessen. Hier sind belegte Brötchen mit rohem Schinken oder fettarmem Käse und Gemüse- oder Salatdekorationen eine gute Variante zu den wesentlich fetteren Aufstrichen oder gebackenen Belägen.

Die **asiatische Küche** bietet in ihren Schnellrestaurants gute und schlechtere Gerichte „in der Box". Durch alle Zubereitungsarten, bei denen viel Fett im Spiel ist, wird das Essen schlechter verträglich. Scharf Angebratenes, Frittiertes, Paniertes, Geräuchertes und Gepökeltes kann zu Problemen führen. Besser bekömmlich sind gekochte, gedünstete, geschmorte oder fettarm gegrillte Lebensmittel.

Selbst im **Burgerladen** gibt es die Möglichkeit, Fette einzusparen. Wer sich mit einem „normalen" Hamburger, der in einem Brötchen serviert wird, begnügt und eventuell sogar auf die Saucen verzichtet (bei der Bestellung sagen!), wird sich in jedem Fall nach dem Essen besser fühlen. Lieber noch einen Salat dazu bestellen. Die Cheeseburger, Burger mit Bacon und anderen gebratenen Toppings und zusätzliche Soßen sind nach Möglichkeit zu vermeiden.

Schädliche Nebenwirkungen durch Fettreiches und Frittiertes
Darüber hinaus wird unter Wissenschaftlern diskutiert, ob sich beim Frittieren durch die hohen Temperaturen krebserregende Stoffe im Essen bilden. Besonders durch das wiederholte Erwärmen und Nutzen des Frittier-Fetts können diese toxischen Stoffe entstehen. Bei einer dauerhaften Gartemperatur von über 175 Grad können sich neben Acrylamid auch andere schädliche Stoffe wie polyzyklische aromatische Kohlenwasserstoffe bilden, die in starkem Verdacht stehen, Krebs auszulösen. Speiseröhren-, Brust- und Lungentumore, aber auch Prostatakrebs können bei häufigem Konsum die Folge sein.

Bei Fetten, die in unterschiedlichsten Qualitätsstufen zu finden sind, gibt es auch große Unterschiede. Die sogenannten Transfette gelten als besonders gesundheitsschädlich. Sie entstehen durch einen chemischen Prozess, bei dem flüssige Öle durch Kochen gehärtet und in haltbare und schmierfähige Fette umgewandelt werden. Öle und Fette mit gesunden essenziellen Fettsäuren verändern durch diesen Prozess ihre Molekülstruktur und können Herz, Gefäßen und Bauchspeicheldrüsen schaden.

In Chips, Instantsuppen und anderen Fertiggerichten sind Transfette häufig enthalten und durch den Zusatz „(teilweise) gehärtete Fette" gekennzeichnet. Hierauf sollte verzichtet werden, da die Transfettsäuren durch ihre technisch herbeigeführte Veränderung nicht zu unserem Organismus bzw. nicht zur Biochemie unseres Körpers passen. Die Zellen können diese Stoffe nicht einordnen, so dass sie schlecht verarbeitet werden.

Wer hingegen die richtigen Öle und Fette wählt, wird sich fit fühlen und damit etwas für seine Gesundheit tun. Gute Speiseöle mit essenziellen Fettsäuren werden aus Ölsaaten wie Sonnenblumenkernen, Leinsamen, Hanfsamen oder aus Nüssen gewonnen. Danach schmecken die hochwertigen Öle in der Regel, was Genuss und Wohlbefinden garantiert.

Schwer verdauliche Klassiker: Hülsenfrüchte, Kohl und „Kalorienreduziertes"

Jeder hat dieses Gefühl schon einmal erlebt. Ein leckeres, deftiges Essen wie gepökelte Würste oder Linseneintopf wurde verzehrt und bereits kurz danach liegt es wie Blei im Magen. Und das auch noch Stunden später.

Was für den einen überhaupt kein Problem darstellt, kann für andere zur Qual werden. Denn nicht jede Verdauung funktioniert gleich. Es gibt bestimmte Lebensmittel, die bei vielen Menschen Unbehagen hervorrufen. Hierzu gehören bestimmte Gemüsesorten, aber auch Milchprodukte oder verschiedene Getreidearten.

Hier hilft nur eines, wenn man sich sicher sein möchte, was bekommt und was nicht – einfach austesten. Sollten sie zwar lecker schmecken, aber immer wieder Probleme verursachen, dann ist es sinnvoll, diese Produkte künftig zu meiden. Besonders im Führungsalltag, da hier alle Kräfte für andere Tätigkeiten als die Magenaktivitäten genutzt werden müssen und Leistungsfähigkeit von größter Bedeutung ist.

Zu den besonders schwer verdaulichen Speisen zählen im Allgemeinen einige Klassiker, auf die wir im Folgenden eingehen wollen. Es gibt Menschen, die überhaupt keine Probleme mit der einen oder anderen Lebensmittelgruppe haben, andere kommen damit schlechter zurecht. Auf seinen Körper zu hören und die Auswirkungen zu spüren, wird künftig für weniger Beschwerden bei Betroffenen führen.

Kohl und Hülsenfrüchte

Als besonders beliebtes Wintergemüse verfügen viele Kohlsorten über zahlreiche Vitamine, die gerade in der dunklen Jahreszeit notwendig sind. Doch fast immer lösen sie Blähungen aus, häufig sogar dann, wenn das Hausmittel Kümmel hinzugegeben wird. Daher ist ein Genuss – wenn überhaupt – nur in geringen Mengen empfehlenswert. Am besten meidet man Kohl ganz, wenn Probleme auftreten.

Hülsenfrüchte bieten eine wichtige pflanzliche Eiweißquelle. Ihr Gehalt an diesem Nährstoff ist oft dreimal so hoch wie bei Getreide. Dennoch ist das nicht für alle ein Argument, um sie zu verzehren. Völlegefühl und ein aufgetriebener Bauch sind oft die Folge ihres Verzehrs. Wer sie dennoch nicht weglassen möchte, sollte die einzelnen Hülsenfrüchte getrennt voneinander ausprobieren.

So vertragen einige Menschen grüne Bohnen oder rote Linsen besser als andere Hülsenfrüchte. In jedem Falle ist es ratsam, die Hülsenfrüchte lange zu kochen und möglichst weich zu essen. Dann bereiten sie die wenigsten Probleme. Für manche ist das Gebot der Stunde jedoch eventuell der komplette Verzicht, um sich auch nach dem Essen noch wohl zu fühlen.

Milch und Milchprodukte

Bei Erwachsenen nimmt die Fähigkeit ab, Milch im Verdauungstrakt zu verarbeiten, was meist auf den Milchzucker (Laktose) und die mit dem Alter zunehmende Laktose-Unverträglichkeit zurückzuführen ist. Größere Mengen davon sind für die meisten Menschen schlecht verträglich und führen zu unterschiedlichsten Verdauungsbeschwerden. Das ist besonders ärgerlich, da Milchprodukte als gesund gelten und für den Ernährungsplan wertvolle Bestandteile darstellen.

Mittlerweile gibt es zahlreiche Alternativen wie Schafs- und Ziegenmilch. Wer auf tierische Produkte verzichten möchte, kann auf Reis- oder Sojamilch umsteigen. Darüber hinaus werden zahlreiche laktosefreie Erzeugnisse hergestellt, die vom Organismus problemlos verarbeitet werden können.

Schokolade, Joghurt oder Käse können dieselben Symptome wie Milch hervorrufen. Wer nach deren Verzehr Völlegefühl oder Magengrummeln empfindet, sollte auch hier für sich herausfinden, welche Produkte gut bekömmlich sind und welche weniger. Danach ist es sinnvoll, systematisch solche Milchprodukte wegzulassen, die der Verdauung wenig zuträglich sind.

Vollkorngetreide

Selbst wenn Vollkornbrote und deren gesundheitliche Bedeutung meist hochgelobt werden und in aller Munde sind, so heißt das noch lange nicht, dass sie immer das Mittel der Wahl und für jeden geeignet sind. Im Gegenteil: Vollkorn und grob geschrotetes Korn sind schwer verdauliche Lebensmittel, die häufig zu einer echten Herausforderung für unseren Organismus werden können.

Wer auf Vollkornprodukte nicht verzichten möchte, weil wichtige Vitamine und Ballaststoffe enthalten sind, sollte zumindest auf die vollen Körner verzichten und das Vollkorn ausmahlen. So ist es für den Körper besser verträglich und bekömmlich. Haferflocken sind aus vollem Korn gemacht, daher ist hier ebenfalls Vorsicht geboten. Denn das tägliche Müsli ist nicht für jeden Menschen optimal als Morgenmahlzeit.

Steuern kann man seine Verdauung am besten mit der richtigen Menge an Vollkorn. Wer bei Broten, Müsli und Vollkornnudeln kaum Probleme bei der anschließenden Verarbeitung im Körper hat, der kann getrost darauf zurückgreifen. Bei kleineren Beschwerden sollte der Konsum eingeschränkt werden und nur wer immer nach dem Verzehr von Vollkornprodukten feststellt, dass er noch stundenlang damit zu kämpfen hat, steigt eher auf Alternativen um, die besser bekömmlich sind.

Es kann sogar sein, dass Vollkorn je nach Tätigkeit und Situation unterschiedlich verdaut wird. So leiden Führungskräfte häufig darunter, dass sie ständig sitzend tätig sind. Hier wirken Vollkornprodukte eventuell anders bzw. liegen schwerer im Magen, als wenn Bewegung hinzukommt.

So mag das Vollkornbrötchen im Wanderurlaub besser verdaut werden, da der Organismus in körperlicher Aktion ist und dadurch die Verdauung besser funktioniert. Oder die fehlende Bewegung im Büro spricht genau dafür, das Vollkornbrötchen mit den Ballaststoffen vorzuziehen, weil die Verdauung dadurch angeregt wird. Hier sind Müsli und Co. eventuell die richtige Frühstücksvariante, während an anderen Tagen eher der Joghurt mit Früchten oder das Sauerteigbrot mit Frischkäse das Rennen macht. Einfach ausprobieren!

Süßstoff & Co.
Zahlreiche Light-Produkte oder kalorienreduzierte Produkte sind derzeit in den Supermärkten zu finden, da diese von der Industrie als Allheilmittel für Übergewicht beworben werden. So ist der Vermerk „ohne Zucker" für viele ein Argument, um diese Lebensmittel zu kaufen. Wenn jedoch kein Zucker enthalten ist, so bedeutet dies zumeist, dass ein Austauschstoff verwendet wird.

Das aber kann einen großen Nachteil haben, denn bei übermäßigem Verzehr erweisen sich diese Zuckeraustauschstoffe als schwer verdaulich und können stark abführend wirken. Beispielsweise sollte vom Süßstoff Sorbit am Tag nicht mehr als fünf Gramm verzehrt werden, sonst kommt es zu Durchfall und Blähungen.

Auch andere „leichte" Produkte sind nicht unbedingt empfehlenswert. Diese Lebensmittel sind nicht natürlichen Ursprungs, sondern wurden auf vielfältige Weise verändert und denaturiert. Eine Vielzahl hochgradig verarbeiteter Produkte kann vom Körper nur schwer verwertet werden.

10.3 Ablehnen, was schadet

Wer beispielsweise während einer Sitzung mehrere Bonbons „ohne Zucker" lutscht oder zusätzlich zwischendurch Kaugummis kaut, die Süßstoff enthalten, wird eventuell feststellen, dass der Magen nach einer bestimmten Zeit zu grummeln beginnt. Das ist auf die Wirkung dieser Süßigkeiten, die stark industriell verarbeitet sind, zurückzuführen. Bei manchen ist auch der Drang, zur Toilette zu gehen, oft unvermeidbar, da der Magen-Darm-Trakt überfordert ist.

Oft wird auf der Packung sogar gewarnt, dass übermäßiger Verzehr abführend wirken kann. Hier ist es ratsam, sich die Inhaltsstoffe genau anzusehen und bestimmte Süßstoffe zu meiden, die diese Wirkung zeigen.

In Light-Getränken sind Süßstoffe enthalten, die vom Körper nicht gut vertragen werden. Besonders, wenn große Mengen davon getrunken werden. So sollte alternativ eher Mineralwasser zum Einsatz kommen, eventuell mit einem Spritzer Zitrone oder Orange. Ein kleiner Schluck natürlicher Fruchtsaft, um Geschmack zu geben, ist in jedem Falle besser, als kalorienreduzierte Limonade oder Cola zu trinken. Sie verleiten durch den extrem süßen Geschmack dazu, viel mehr zu trinken als notwendig.

> **Fazit**
>
> Der Foodmaster sollte also bei seiner Ernährung immer darauf achten, was ihm guttut und was eher schadet. Hierbei sollte er nicht von Angst geleitet werden, die durch Medien oder Meinungen von oft selbst ernannten Experten geschürt wird, sondern mit Neugierde und Interesse die für sich richtige Lebensweise und Art zu essen finden.
>
> Es gibt entsprechend nur eine Prämisse, die wirklich gilt. Der Mensch ist ein Individuum, das nicht von verallgemeinernden Ernährungsgrundsätzen geleitet werden sollte. Es ist wichtig und macht vor allem Spaß, sich selbst besser kennen zu lernen, auf seinen Körper zu hören und die entsprechend richtige, für sich persönlich passende Kost auszuloten.
>
> Wer diesen Rat täglich und mit Überzeugung befolgt, sich selbst beobachtet und Ernährung als wichtiges Thema für sich erkennt, kann als Führungskraft nur punkten. Dann wird Essen zum Genuss und macht leistungsfähiger, vitaler und glücklicher. Eine grundlegende Voraussetzung, um seine herausfordernden Aufgaben stemmen zu können und im Führungsalltag Erfolg zu haben.

Der Leadership-Food-IQ

In den zehn Kapiteln, in denen es um Leadership-Food ging, haben Sie zahlreiche Erkenntnisse gewonnen oder vertieft, die zu Ihrem persönlichen Erfolg im Führungsalltag beitragen können. Nur mit einer guten Ernährung, die leistungsfähiger und zufriedener macht, können die Herausforderungen des Alltags gemeistert werden.

In den ersten drei Geboten ging es um das „WIE" in der Ernährung, also um genussvolles, bekömmliches und achtsames Essen. In Gebot vier bis sechs wurde das „WAS" unter die Lupe genommen – vielseitig, individuell sowie regional und saisonal seien hier nochmals zur Erinnerung genannt. In den folgenden Geboten sieben bis neun sind wir zum Thema „WO" Leader essen auf das Essen im Büro, auf Geschäftsreisen und zu Hause eingegangen. Im finalen zehnten Gebot wurde eine Essenz aus diesen drei großen Bereichen entwickelt und das Wissen vertieft.

Doch was haben Sie mitgenommen? Ist alles gut angekommen und bereits verinnerlicht? Testen Sie sich mit folgender Fragestellung, die wir Ihnen im Folgenden mit auf den Weg geben wollen: Bin ich ein Foodmaster? Seien Sie bei der Beantwortung der Fragen ehrlich und lassen Sie sich vom gesunden Menschenverstand leiten.

Wir wünschen Ihnen viel Spaß beim Ausprobieren und Experimentieren, was Ihnen in punkto Ernährung guttut und was schadet. Sie selbst sind der alleinige Entscheider, wenn es um Ihr Wohlbefinden geht. Genießen Sie Ihr Essen und erleben Sie selbst, was bekömmlich ist und Energie gibt. Dafür wünschen wir Ihnen alles Gute und helfen gerne dabei, wenn Sie weitere Fragen haben oder Unterstützung benötigen.

Genießen Sie künftig nur noch Leadership-Food! Viel Freude und die besten Wünsche für Ihren persönlichen Erfolg!

Cynthia und Leif Ahrens

Bin ich ein Foodmaster? 25 Fragen zur Selbstreflexion

Bitte prüfen Sie die folgenden 25 Punkte und beantworten Sie die Aussagen mit Ja oder Nein. Bitte notieren Sie für jedes „Ja" einen Punkt. Daraus ergibt sich Ihr Leadership-Food-IQ.

Ihr Leadership-Food-IQ

1. Essen macht mir Spaß?
2. Esse ich, was mir schmeckt?
3. Entspanne ich beim Essen?
4. Spüre ich, wann ich satt bin?
5. Höre ich auf zu essen, wenn ich satt bin?
6. Genieße ich die Gesellschaft beim Essen?
7. Fühle ich mich nach dem Essen zufrieden?
8. Kann ich während des Essens abschalten?
9. Versuche ich mich nach dem Essen ein bisschen zu bewegen?
10. Variiere ich die Mengen des Essens je nach Tagesform?
11. Kenne ich die Anzeichen dafür, dass ich etwas zu essen brauche?
12. Esse ich nach persönlichen Vorlieben?
13. Weiß ich, was meinem Körper schadet?
14. Esse ich genügend von dem, was mir guttut?
15. Lehne ich auch einmal einen Gang im Restaurant ab?
16. Gebe ich in der Kantine Sonderwünsche an?
17. Kenne ich bei Beschwerden einige natürliche, schnell wirkende Notfallmaßnahmen?
18. Weiß ich, wann welche Lebensmittel Saison haben?
19. Kaufe ich regionale Produkte?
20. Lasse ich etwas auf dem Teller, wenn es zu viel ist?
21. Vertrage ich das Essen auf Geschäftsreisen im Ausland?

22. Kann ich in Meetings auf zu viel Süßes verzichten?
23. Koche ich selbst?
24. Lade ich gerne Freunde zu mir nach Hause zum Essen ein?
25. Gönne ich mir kleine „Sünden" beim Essen?

Leadership-Food-IQ: … von 25 Punkten (Ja-Antworten zählen)

Weiterführende Literatur

Aamodt, Sandra, und Samuel, Wang. 2008. *Welcome to your brain.* München: Verlag C. H. Beck oHG.
Arens-Azevedo, Ulrike, Beate, Günther, Renate, Pletschen, und Georg Schneider. 2000. *Ernährungslehre.* Troisdorf: Bildungsverlag EINS GmbH.
Biesalski, Hans Konrad, und Peter, Grimm. 2011. *Taschenatlas der Ernährung.* 5. Aufl. Stuttgart: Georg Thieme.
Diamond, Harvey und Marilyn. 1991. *Fit fürs Leben.* 17. Aufl. München: Wilhelm Goldmann.
Fehrmann, Susanne. 2009. *Die Psyche isst mit. Wie sich Ernährung und Seele beeinflussen.* München: Knaur Taschenbuch.
Fintelmann, Volker, und Rudolf Fritz, Weiss. 2009. *Lehrbuch der Phytotherapie.* 12. Aufl. Stuttgart: Hippokrates.
Frank, Gunter. 2001. *Gesundheitscheck für Führungskräfte.* Frankfurt a. M.: Campus Verlag GmbH.
Frank, Gunter. 2009. *Lizenz zum Essen.* 2. Aufl. München: piper Verlag GmbH.
Fritzsche, Doris. 2010. *Nahrungsmittel Intoleranzen.* 2. Aufl. München: Gräfe und Unzer Verlag GmbH
Frohne, Dietrich. 2006. *Heilpflanzen-Lexikon.* 8. Aufl. Stuttgart: Wissenschaftliche Verlagsgesellschaft mbH.
Kasper, Heinrich. 2009. *Ernährungsmedizin und Diätetik.* 11. Aufl. München: Elsevier GmbH/Urban und Fischer.
Logue, Alexandra W. 2009. *Die Psychologie des Essens und Trinkens.* Heidelberg: Spektrum Akademischer.
Oehler, Regina. *Gesundheit neu denken.* Weinheim: Beltz.
Pollmer, Udo. 2011. *Eßt endlich normal!.* 4. Aufl. München: Piper Verlag GmbH.
Pschyrembel, Willibald. 2013. *Klinisches Wörterbuch.* 265. Aufl. Berlin: Walter de Gruyter GmbH & Co. KG.
Speckmann, Erwin-Josef, und Werner, Wittkowski. 2004. *Bau und Funktion des menschlichen Körpers.* 20. Aufl. München: Elsevier GmbH/Urban und Fischer.

The manufacturer's authorised representative in the EU is Springer Nature Customer Service Centre GmbH, Europaplatz 3, 69115 Heidelberg, Germany. If you have any concerns regarding our products, please contact ProductSafety@springernature.com

Printed and bound by CPI Group (UK) Ltd, Croydon, CR0 4YY
23/03/2026
02076460-0009